孙家栋传

Sun Jiadong Zhuan

王建蒙／著

中国青年出版社

图书在版编目（CIP）数据

孙家栋传 / 王建蒙著 . —北京：中国青年出版社，2014.11（2025.2 重印）
（共和国科学拓荒者传记系列 / 伍献军主编）
ISBN 978-7-5153-2885-0

I . 孙… II . ①王… III . ①孙家栋—传记 IV. K826.16

中国版本图书馆 CIP 数据核字（2014）第 251459 号

原版责任编辑：方小玉
本版责任编辑：彭岩
书籍设计：刘凛　刘黎立
出版发行：中国青年出版社
社　　址：北京市东城区东四十二条 21 号
网　　址：www.cyp.com.cn
编辑中心：010 - 57350407
营销中心：010 - 57350370
经　　销：新华书店
印　　刷：三河市君旺印务有限公司
规　　格：710 × 1000mm　1/16
印　　张：20.5
字　　数：200 千字
插　　页：2
版　　次：2015 年 2 月北京第 1 版
印　　次：2025 年 2 月河北第 6 次印刷
定　　价：35.00 元

前　言

写功勋科学家孙家栋是件有意义的事情，跨学科用朴实的文字、翔实的内容写好科学家孙家栋确实是一件艰巨的事情，但这却是我愿意做的事情。尽管每天上班会议不断、事务繁多，但还是喜欢把孙家栋的事情、把他为国家航天事业所做的那些大事情通过文字的组合呈送到千万读者面前。

我认识孙家栋已经有30多年了，那时我是西昌卫星发射中心从事卫星发射工作的航天新兵，孙家栋是我国通信卫星总设计师；之后我调到北京总部机关火箭卫星发射部门后，在参加会议、卫星总装厂房、发射现场接触孙家栋的机会陡然增多；尤其是中国航天对外开放、用中国火箭实施发射外国卫星那段难忘的日子，孙家栋给我们这些年轻人树立了独特的光辉形象；

在中国亚太移动卫星通信项目技术经济论证以及方案实施阶段，我有了更多接触孙家栋的机会，这期间我有幸随同孙家栋数次去美国、新加坡等地出差，这也使得我有了写孙家栋的机遇。在繁忙的日常工作之余，年复一年挑灯夜战书写孙家栋和航天的那些事情。这之中有航天的情结、人生的追求、感情的抒发等多种因素，但孙家栋等一批科学家崇高信仰的影响却是我坚持不懈写作的重要因素。也许人生就是如此，我在大学本是学发电的却搞了一辈子航天发射，本职工作本是搞科学技术的却从写孙家栋开始一发而不可收，一直写到加入了中国作家协会。

在孙家栋对我的交谈中，他多次说："航天工程是系统工程，绝对不能集中到一个人身上，航天事业的成绩是大家共同努力的结果，绝对不可能是某个人起了多么特殊的作用。"这简短的话语折射出孙家栋内心的谦逊和人格。我非常幸运大学毕业后所从事的工作使我在卫星、火箭、导弹发射场结识了许多科学家，在卫星和火箭旁、在发射塔架上有幸与他们交往。火箭专家任新民、电子专家陈芳允、光学专家王大珩、导弹专家黄纬禄、航天专家孙家栋，他们都是"两弹一星"功勋科学家，是我国老一辈科技工作者的优秀代表，是践行"两弹一星"精神和载人航天精神的光辉典范。我还结识了航天测控及管理专家沈荣骏、导弹控制与航天工程管理专家栾恩杰、导弹火箭专家龙乐豪、航天飞行力学及弹道专家余梦伦……他们既是孙家栋时常提及、共事数十年的朋友，也是我一生中有幸遇到的贵人。在我心中的这些贵人都具有助人为乐、心地善良、能力超强、知识渊博、意志如钢、不畏艰险、敢为敢当等等不一般的品质。上述科学家与孙家栋都是共和国航天的创建者、亲历者、见证者，也是与孙家栋一起奋斗成长的优秀科学家，他们在中国伟大的航天事业进程中，都起过各自不同的关键作用，而这些杰出人物，在平常工作、生活中却谦虚和蔼、风趣幽默，不论职位如何变化、地位如何提高，却始终不摆架子，宽以待人。他们的思维、语言、行为、感召无不对我产生无声的鞭策，影响至深，终身受益。透过文章中对孙家栋的描述，实际是对这些科学家、广大航天大军的颂扬，这也是驱使我能坚持业余写作此书的强大动力。

有着传奇经历、大智大勇以至中共中央宣传部号召学习的孙家栋，初次见面，你肯定看不出他与常人有什么不同，慈眉善目，相貌朴实，待人和蔼，工作细致认真。旁人很少能看出他有什么大喜大怒的表情。当卫星发射成功时，他没有喜形于色，当工程遇到困难时，他能泰然处之，给人沉稳、厚重、宽和的感觉。孙家栋的举止言谈验证了一句古语“有才而性缓定属大才，有智而气和斯为大智”。

有一篇关于孙家栋的文章写道，“非淡泊无以明志，非宁静无以致远”。对工作严谨敬业，对名利淡泊知足，对他人宽和谦逊……在孙家栋自己看来，这一切都是理所当然。他并没有刻意追求所谓的“崇高”，只要做一个纯粹的科学家，一个恪尽职责、恪守良知的科学家。

2010年12月17日《人民日报》评论员文章《爱国奉献的楷

模》指出：民族需要脊梁，人生需要信仰。孙家栋是国家的栋梁、民族的脊梁。爱国奉献的崇高信仰，始终是他人生的坚固基石。当每个人追寻人生意义、当民族复兴需要脊梁挺起，树立爱国奉献的理念是一切的开始。这是孙家栋给我们的最珍贵的启示。

脊梁，是指人的脊背，常常用来比喻做支撑的人或物。“山有脊梁不塌方，虎有脊梁敢称王，人有脊梁腰杆硬，顶天立地响当当！”这是展现中国共产党光辉历程大型系列专题片《脊梁》主题曲中的歌词。

信仰，是指对某种主张、主义、宗教或某人极度相信和尊敬，常常作为自己行动的指南或榜样。信仰是人对人生观、价值观和世界观的选择和持有。有一种力量是信仰，信仰让人坚定信念奋发向前。信仰是人生的历史使命，也是人生不懈追求的崇高理想。

脊梁、信仰，这两个词是何等的高尚，当这两个高尚的词同时用在一个人身上时，这个人必然是一个高尚的人、一个纯粹的人、一个令人敬仰的人，也是一个无愧于榜样的人。这是我在写孙家栋时的聚焦点，也是我写孙家栋过程中迸发出来的特殊感触。

通过写孙家栋，让我感到他身上有许多值得我佩服和崇拜的东西。他吸引我的不仅仅是航天成果和历程，其实我更想写的还是他的人生启迪，他为祖国航天事业默默奉献的心路历程，更想写他对航天的热爱，对事业的执着，对同志的真诚。实际上，这些特点用四个字是完全可以概括的，那就是“脊梁、信仰”！

目　录

第一章

乱世逢机

求学之路

十年树木，百年树人，孙家栋的父亲出生后，祖父给他起名为孙树人。当时，孙家正值好光景，但却没有一个入过学堂的。别看孙家祖上目不识丁，但潜意识里敬佩那些有文化的读书人，孙树人到了读书的年龄即被祖父送进学堂读书。功夫不负有心人，多年的刻苦学习，孙树人学业有成，后进辽宁省盖县盖平师范当上了教员，教书育人算是遂了家父的愿。

1929年的春节后不久，孙家上上下下正在为即将出世的孩子忙碌。农历二月二十九日（公历4月8日）这一天，随着一声接一声婴儿有力的啼哭冲向天空，孙家又添了一口人，是个期盼之中的儿子，这便是以后成为著名航天工程技术专家的孙家栋。孙家栋降生于盖县盖平师范学校，他在三个哥哥和两个姐姐之后排行老六。

听人们说，宁静中出生的孩子聪明、头脑清楚。可也有传说，这种孩子长大后话语少，人也会显得安宁。或许这句话还真的应了验，孙家栋自小聪慧少让大人操心，从识文习字读书开始，学习成绩就一直名列前茅，在日后的几十年的工作生涯中，也一直保持着脚踏实地的安宁习惯。长大后，他即便遇到了比较急的事情，也不显山、不露水、不惊慌。从他平静的外表能够看到他内心的镇静和刚毅。

孙家栋刚降临人世，就得到了人们的一番议论，大家纷纷说这孩子有好命，这辈子都不会挨饿了。原来这里面有一段故事，老孙家当时本来正在酝酿按人头分家，孙家栋4月8日刚出世，恰逢祖上4月9日正式分家，所以孙家栋这张嗷嗷待哺的小嘴刚一张开，就理所当然地得到了一份口粮。

孙家栋在辽宁省盖县盖平师范学校度过了三年童年生活。在这三年里，孙家的日子过得还算相对安定，孙家栋的父亲主持学校工作已经是得心应手，孙家栋的母亲操持家务里里外外一把手，把家整得红红火火，很令周围邻居羡慕。此时由于工作的变迁，孙树人要离开盖平师范学校前往哈尔滨，就职北满政府设在哈尔滨市的地亩管理局职员。1932年，孙家栋随父亲举家迁往哈尔滨市。1936年3月，7岁的孙家栋就读于哈尔滨离家不远的建设小学，后来又转入一家条件好些的六年制教会小学读到了五年级，1939年再一次随父亲工作调动离开哈尔滨迁居营口市，转学入同德学校读完了高小。

1942年6月，13岁的孙家栋以优异的考试成绩被哈尔滨第一高等学校土木系录取。哈尔滨第一高等学校是一所四年制的专科学校，分有电器系、土木系和机械系三个专业。那时，孙家栋一门心思要学好本事成就将来建高楼、筑水坝、修大桥的宏伟理想，他怎么也没有想到日后会走上与航天打交道的通天之路。

此时全国的抗日烽火风起云涌，作为在日本人统治下的哈尔滨人民更是对日本侵略者怀着满腔仇恨。哈尔滨第一高等学校是一所由日本人开办的学校，日本教师在授课中的侵略者本性以及奴化意识引起年少学生心中的强烈愤恨，孙家栋为流露出的不满情绪也吃过不少苦头。

战争给人们带来了巨大灾难，战争使学校停课，城里的战乱环境尚未平息，父母亲回老家去了，孙家栋也无书可读。这一年的寒冬，他也踏上了回老家的路，他穿过大片桦树林，滑过一望无际白雪皑皑的山坡，沿着铁皮木轱辘车碾压出来的羊肠道，一路摸索回到了从未来过的草甸子村。

孙家在村里已经成为大家庭，堂叔、大伯家兄弟们的亲情和热情，乡村的泥土芳香，这远离城市喧闹的自然风光都未能使孙家栋求知愿望迷失。抗日战争一结束，孙家栋心里就萌动着继续走求学的道路。

孙家栋到家后才知道，父亲孙树人已经离开老家去了沈阳，经朋友介绍在沈阳的一所学校任教。数日后，孙家栋离开老家前往沈阳，几经辗转来到父亲任教的学校后，方知父亲又到了海城师范学校谋职。孙家栋一找到父亲，便急切地提出要继续求学的愿望。父亲找人帮忙，于1946年9月使他进入国民党政府在锦州开办的锦州大学先修班就读。这个大学名义是大学，实际上只是设立了个架子，教学条件和师资力量明显不配套，并且还要先入“预科”补习两年的中学课程。

1947年冬天，辽沈战役的炮声在锦州大地隆隆响起，中国人民解放军第四野战军以迅雷不及掩耳之势向东北快速推进，国民党军队兵败如山倒，人民生活在水深火热之中，饱尝战争之苦。在锦州，这“预科”的书也没办法继续读下去了。

1948年9月，孙家栋听到哈尔滨工业大学要招生的传闻。他立即前往探听虚实，决心要碰碰运气。当时的哈尔滨工业大学是由苏联人在管理，苏联人管理的学校不仅制度规范，而且有一套严厉的管理办法。入哈工大的门必须经过严格的考试，并且还要出具之前相等资格的毕业证书。哈工大虽然承认日本中学的资格，可伪满时期的中学是四年学制，而苏联中学的学制是六年，孙家栋虽然通过了学校的各项考试，但必须还要在这里重新复读“预科”，这便是孙家栋求学路上的第二次大学“预科”经历。

当时的哈工大完全是苏式管理，老师都用俄语授课，所以预科的主要课程是学习俄语，而要想听得懂、学得通那些所开

2008年4月孙家栋（前排中）与毕业60年的哈尔滨工业大学48级同学合影留念

设的课程，精通俄语则是必由之路。这条路对孙家栋来说既是一次机遇，也是一次挑战。

孙家栋进入学校不久，就迎来了新中国的成立。哈尔滨工业大学进入了一个新的历史发展时期。1951年，哈工大被国家确定为中国高等教育学习苏联的两所院校之一，成为学习苏联先进经验，为国内各高校培养优秀人才的基地，并以“工程师摇篮”而饮誉全国。

俄语繁杂的语法，多样的变格，饶舌的发音，清、浊音的结合，令初学者目眩，人的名字也是九曲十八弯，绕了自己的名和姓不说，还要把祖上那长长的名也再绕进去，真是令人头晕。但孙家栋也许是对学习渴望已久，他不愧是学习高手，在很短的时间里就理出了头绪，进入了良好的学习状态。他觉得，语言毕竟是一种活生生的工具，感觉很重要，首先要找到学习俄语的感觉。语言同时又是表达事物和思维的工具，是文化的一种载体，一定要把俄语学通才能继续下一步的专业课程，这时的孙家栋找到了学习的感觉，他在这里系统地学到了不少知识，使他终身受益。

毅然从军

古往今来，人们总说机遇只留给准备好的人，总说愚者错失机遇，智者善抓机遇，成功者创造机遇。然而，能否抓住机遇、利用机遇，关键在于你的努力勤奋，关键在于你的准备程度。

孙家栋说过："我这辈子还真是喜欢吃红烧肉，不仅仅是口味的问题，还有一些与红烧肉关联的其他原因可能也使我喜欢红烧肉吧，比如我的人生道路选择就是由一顿红烧肉而促成的。"

1950年年初农历正月十五，这是中国传统节日。这天，孙家栋本来准备午饭后要去哈尔滨的姐姐家，但听说晚饭加餐有红烧肉便改变了主意，那年月能吃上红烧肉可不容易。就是为了这顿红烧肉，他决定等吃了晚饭后再去姐姐家。

孙家栋在吃这顿晚饭时，学校主管人员来到饭堂向学员们

1951年4月3日到苏联学习前孙家栋（左）与三哥合影

宣读通知："新中国的人民解放军空军要在他们这批学生中挑选人员，有意者可立即自愿报名接受挑选。"

为了加快建设中国空军的步伐，1949年12月到1950年2月毛泽东在苏联访问期间，刘亚楼也在莫斯科参加会谈，一天，毛泽东紧握拳头对刘亚楼说："必须加强空中力量！"

为了组建航空兵部队和培养航空兵部队所需要的中、高级飞行指挥干部，刘亚楼在列席七届三中全会时，当面向毛泽东建议扩大航校培训规模和从陆军选调一批营、团干部入学学习飞行的建议，毛泽东当即表示同意。刘亚楼的这一举措，为空军的进一步发展准备了骨干。

1949年10月30日，中央军委和毛泽东做出决定：第一航校设在哈尔滨，第二航校设在长春，第三航校设在锦州，第四航校设在沈阳，第五航校设在济南，第六航校设在北京南苑。

1949年11月11日，中央军委正式宣布中国人民解放军空军成立。

不满21岁的孙家栋联想到几个月前毛泽东主席在北京天安门城楼上向全世界宣告“中华人民共和国成立了！”的动人情景，想到了中国人民解放军伴随嘹亮的军歌，迈着雄健的步伐在天安门广场接受检阅的威武军姿，这个血气方刚的年轻人心里泛起一阵阵的激动。

1951年留学苏联前夕。时任空军俄文翻译

航天博物馆内的院士介绍

来不及与家里商量，孙家栋毅然填报从军申请，当天报名、当天批准，当晚他便怀着对祖国、对未来的无限憧憬登上了前往中国人民解放军空军第四航空学校的列车去报到。1950年1月，孙家栋由一名踌躇满志、单纯的学生，在一夜之间穿上蓝军装、戴上制式帽，精神抖擞地成了一名军人。

当时空军的几个航校都急需俄语翻译人才，孙家栋优秀的俄文成绩又一次派上了用场。报到后四航校分配孙家栋给苏联航空教官当授课翻译。孙家栋在后来回忆时说，我国空军第一批优秀飞行员，如赵宝桐、张积慧、王海、刘玉堤等都是从这所学校里学成后参加战斗的，这些出色的飞行员充分发挥了个人的聪明才智在战场上建功立业，为国家和人民争得了荣誉，成为震惊世界的战斗英雄。

出于对新中国空军的热爱和对事业的追求，孙家栋各项工作都很出色，平时的勤奋与努力，迎来了机遇的召唤。

如果说，孙家栋是由于这顿偶然的红烧肉而走上了从军道路的话，那么，这次偶然则给孙家栋提供了走向尖端科学技术的阶梯，为孙家栋成为以后著名航天工程技术专家提供了一个重要的机遇。

第二章

留　学

皮箱情深

年轻的共和国百废待兴，各行各业都急需技术人才。这时的孙家栋刚刚22岁，这个年龄的人个个都想多学一些科学技术，在新中国一穷二白的版图上画出最美最好的图画。

1951年7月，经过多轮考核、层层选拔审批，孙家栋以其优异的工作业绩随同另外20多名军人前往北京接受最后一轮面试选拔。那时北京的空军招待所在前门附近，全军被选送来的300多名优秀军人在这里接受多项内容的挑选。炎热的盛夏，英姿飒爽的年轻军人在当时叫作棋盘街，实际就是现在天安门广场南侧毛主席纪念堂那里进行操课，最终在300多人中选出30人确定去苏联茹科夫斯基空军工程学院读书，孙家栋被荣幸选中。这30人中有10名从新四军中选出，10名从八路军中选出，还有10名从哈工大和航校中选出。这样的人员搭配主要是考虑到这些人员文化水平和基础知识的参差不齐，在新四军、八路军中选拔出来的学员虽然大多有过战斗经历，但文化水平低，而孙家栋他们这些从哈工大或航校选拔出来的正好与他们结对互助。孙家栋被确定在苏联茹科夫斯基空军工程学院飞机设计专业学习。

孙家栋与这些被选定的学员立即开始了奔赴苏联的出国教育和行前准备。国家为了培养自己的空军专业技术人员是不惜代价的。在当时物资很匮乏的年代，空军特地选择了质地最好的毛哔叽衣料为他们量体裁衣，定做了合体笔挺的军装。1.80米个头的孙家栋本来就身材魁梧，套上合体定做的新军装后，更是显得英俊、潇洒。在那个艰苦朴素的年代，他们试穿新军装时就引起了许多人的好奇，不仅是在国内，以至于后来出现在莫斯科街头的时候，也常常会招来异国他乡人们尤其是漂亮的俄罗斯姑娘扭头注视的目光。

他们这批前往苏联的留学生，组织上除了装备合体的军装外，每人还配备了一个当时很时髦的牛皮箱和上课用的牛皮文件包。这只牛皮箱装着孙家栋的一片憧憬，装着孙家栋的美好理想和拳拳报国之心。所以，孙家栋对这只牛皮箱和牛皮包情有独钟。

几十年过去，孙家栋在一次搬家时，在到处堆放的行李中只见一个颜色发旧、瘪不邋遢的旧式旅行箱那么不协调地与几

在苏联留学时使用的牛皮文件包（王建蒙摄）

个新式旅行箱排放在一起，帮助搬家的人提议把这个旧箱子扔了。只见孙家栋眯缝着眼笑笑：“哎，这个可不能扔。再说这房子也不缺放它的一块儿地方嘛。”

这时，老伴听到这话后赶紧插话：“别看这个箱子旧，可千万不能扔，这可是我们老孙的宝贝疙瘩，我可是一直都没敢怠慢过这个箱子。”说着，悄悄地向孙家栋瞟了一眼，那慈祥友善的目光里分明充满着几丝神秘。

原来，这里面是有一段故事的。当时的空军司令员刘亚楼不仅亲自与他们这些优选到苏联上学的幸运者单独谈话，嘱托国家和军队对他们的期望，还特别下令，给每个人添置一个在当时算是非常奢侈的牛皮旅行箱和一个上课用的牛皮包。后来，孙家栋带着这个旅行箱从北京来到莫斯科，又从莫斯科带回北京，这只宝贝家当一直伴随了孙家栋几十年。现在，它已经成为孙家栋永恒的纪念。

留学苏联

1951年秋天，孙家栋踏上了北上莫斯科的征程。当时他们这些学生到苏联去的交通工具只有火车，从北京出发经满洲里再晃荡一天一夜才能到达中苏边境，而要到达莫斯科则要经过七天七夜的漫长旅途。

历经七天七夜的日夜兼程，一路上的风景都是那么的新鲜，每到停车时间稍长的车站，他们都会下车，或是活动筋骨，或是与当地人闲聊几句。孙家栋由于来之前曾经做过苏联专家的翻译，所以与当地人说话没有什么困难，但他们中的许多人就不同了，尽管在出国时经过严格的考核，理论上成绩很好，口语能力也不错，可与当地人对起话来就完全不是那么回事了，说着标准的俄语，对方竟然就是听不懂。大家问孙家栋是怎么回事？孙家栋谦虚地说："可能是咱们说的还没有口语化，用词的习惯也不太一样，与苏联教官在一起的日子里我也有过尴尬，体会太深了，不过没关系，很快就会适应的。"

孙家栋这帮年轻人当时到了莫斯科后，最初的感觉是苏联是一个伟大的社会主义国家，从市政设施、房屋建筑到公路交通、工厂生产规模都是那么的新鲜，在国内时看过苏联和莫斯科的简介，出国教育时也听过莫斯科的逸闻趣事，但百闻不如一见。克里姆林宫对面的那个外形像宫殿一样的建筑很是特别，一打听，原来那竟是一座百货商场。来苏联前对于地下铁路只是听说过，却没有见过的，来到很深的地下后首先就被那庞大的地下工程所折服，尤其是红场下面上下三层的地铁站像迷宫一样纵横交错，这些所见所闻让他们感到了苏联科学技术的先进。对于乘坐地铁，当时还有一个笑话。初到莫斯科，孙家栋他们几人一起坐着长长的滚梯随着轰隆隆的声响，瞬间就从阳光明媚的地面下到了地下十几米的站台，虽然是地下，但也是灯火辉煌，站台上那些光彩夺目的彩色壁画令人盼顾不暇，正在这时，地下火车风驰电掣地驶入站台，车厢的门在他们面前“哧”的一声打开了，他们几个同学绅士般地互相谦让“你先上、你先上”。没想到还没等他们谦让完，车厢的门却“咔”的

在苏联读书时的孙家栋

一声关上了，在他们还没醒过神的瞬间，火车在“唰”的声响中已经离开了他们的视线，孙家栋和同学们你望着我、我望着你，面面相觑、茫然不解，后来才知道，车厢的门是自动开关的。在20世纪50年代就已经使用了自动开关车门，那个年代这种技术的应用绝对可以称之为现代“高科技”，这些怎能不使初来乍到的留学生们大开眼界？

孙家栋他们心里暗暗想，绝不能浪费光阴，要刻苦学到先进技术、学习各方面的科学技术，利用好这个机会，实现自己的美好愿望。

国人形容要做成一件大的事情将会“过五关斩六将”，而他们入学以后也首先要过三关，那就是：第一是学习关，第二是生活关，第三是身体关。茹科夫斯基空军工程学院是军校，大家过着有规律、整齐划一的集体生活。尽管这样，学校共青团组织还是会专门指定专门的学生帮助初来乍到的中国学生。比如遇到上课时有笔记记不下来的时候，他们会很主动地把笔记整理好送来。这些都使孙家栋能够体会到苏联同学的淳朴热情。另外，还使他们感到苏联各方面的生活福利比国内要好得多，不要说是军校的学员，就是普通老百姓的供应，包括公费医疗制度都是当时在中国不可想象的。他们在这个不熟悉的环境里经过半年多的磨炼，不仅对周围的情况很快熟悉了起来，而且与当地同学也很快打成一片，与他们融在了一起。这也是中国留学生能够顺利学习的一个必要条件。

为了日后学业的顺利进行，校方非常重视对孙家栋他们这批中国留学生的语言和基础知识进行巩固和加强训练。孙家栋在茹科夫斯基空军工程学院又读了第三次“预科”，这便是孙家栋一生中三闯“预科”关的由来。孙家栋他们班这30名学员属于军官学员，但由于基础文化的差别，他们按数理化水平被分成了三个班，孙家栋被编入高班。军校从当时不同的学校抽调来教高中的最好的教师为他们教授数学、化学、物理、俄文。孙家栋之前的文化基础本来就比较扎实，但他利用这次预科机会又进行了一次巩固和提高，这对孙家栋乃至他们这批中国留学生来说，确实是很有价值的一次。整整一年预科学习，他们系统地完成了基础理论的学业，于1952年9月正式进入本科学业。

八年寒窗

在学习问题上，孙家栋总是不断地自己给自己加码，每天除了白天上课以外，晚上基本都要做练习、巩固、预习功课到第二天深夜一两点钟，不论是教室窗户还是宿舍的窗户，总会亮着灯光。

在大批中国留学生留学苏联的时候，无论是莫斯科大学，还是分布在不同地点的其他学院，起床最早的基本都是来自中国的学生，自习课学习到最晚的也是他们，熄灯最迟的还是他们。这批学生对学习都抱有极浓的兴趣，能够来到这所在苏联、在军界首屈一指的世界知名的学校深造，本来就具有莫大的荣誉感。

他们这批人中的军官学员学习不示弱，军体、绘图、军事地理也都样样领先。他们每周有一个下午的军体课，虽然是四个小时，但所有器械、徒手、田径都要全部做一个来回，活动量那是非常之大的，尽管这样，军体教官对他们仍然高标准、严要求，比如双杠运动，上杠要挺拔利索，杠上收腹抬腿必须要标准的90度，否则苏军教官会对着你的大腿或胳膊就是一巴掌，被拍过的地方立刻就会红肿留下一个印记，但孙家栋则从来没有受到过如此“待遇”。那时候，孙家栋的身体素质本来就很不错，但为了具有旺盛的精力和更强壮的体魄，夏天田径场、体操器械、篮球、排球场地上总能看到他的身影，冬天滑冰场、

在学院实验室做试验

滑雪场也少不了他。严冬季节，茹科夫斯基空军工程学院附近的浩渺森林一片白雪皑皑，平地滑雪是非常耗费体力的一项运动，偌大的森林根本见不到人影，有人偷懒不按规定路线完成科目而抄近道回到目的地，但孙家栋从来都是按照规定不折不扣地完成。他那活泼向上的性格、那副朝气蓬勃的样子，显现出了年轻人报效祖国的雄心壮志。

由于孙家栋刻苦好学、反应敏捷，许多老师都对孙家栋有所偏爱。而孙家栋认为是学校的良好环境将他带入了知识的海洋，而那些老师给他填充了极为丰富的知识。在他的印象中，预科班主任茹可娃老师、讲授通用物理学的卡拉普托夫老师、讲授实用几何学的犹太人老师卡耳贝尔、力学老师、动力学老师，以及体育课老师、教官、辅导员，他们既有很强的实践经验，又有典型的学者风度，他们以身作则、为人师表的点点滴滴都给孙家栋留下了深刻的印象。

孙家栋凭着良好的记忆力，每门功课的内容都能在短时间内背得滚瓜烂熟、理解透彻，基本上每次都有把握应对考试。每次大的考试，学院都会组成考试委员会，因为孙家栋胸有成竹，每次都能沉着应对，孙家栋面对诸多考官提问报上自己的姓名后，冷静地说："请允许我回答……"于是流利地一个个回答了考官们提出的稀奇古怪的问题。

一次，三年级的航空发动机理论考试，担任主考官的涅卡耶夫是苏联科学院院士，也是苏联赫赫有名的大学者。涅卡耶夫采取一个一个分别进行的考试方法，轮到孙家栋上场时，恰好涅卡耶夫拿错了考卷，将从未学过的《航空发动机静态下主要性能的推导》问题提给了孙家栋。这明明是强人所难的问题，应当怎么办呢？赶巧孙家栋平常的好学、好奇、好动脑的习惯在此时派上了用场，孙家栋竟然毫无慌张地引经据典做了正确的回答。正当陪考官们惊诧不解的时候，涅卡耶夫也突然醒悟到考卷拿错了，涅卡耶夫也奇怪孙家栋怎么对没有学过的课程能做出正确的回答呢？由此，涅卡耶夫院士和众多陪考官纷纷对孙家栋投去赞赏的目光。他们为孙家栋这样的学生而高兴，为中国学生的勤奋学习精神而赞赏，为茹科夫斯基空军学院拥有这样的学生而自豪。

1956年2月的一天，对留学苏联军校中国班的学员来说是值得纪念的日子，这一天他们将被授予中国人民解放军军衔。孙家栋他们一行奉命从学校来到中国驻苏联大使馆，此时大礼堂前已经聚集了许多学员，他们都是中国在军校的留学生，有从军医大学来的、有从炮兵学院来的，还有孙家栋这样从空军学院来的。他们列队依次进入礼堂，礼堂内正播放着《义勇军进行曲》，现场昂扬的场景把他们带入一种庄严的氛围。主席台正中央坐着解放军总司令朱德元帅、聂荣臻元帅。学员们五人一组被点到名字后，来到主席台侧面的台阶前，登上6级台阶操标准的军人正步来到主席台正中，由聂荣臻元帅亲自为他们逐一颁发了领章和军衔肩章。孙家栋在中国人民解放军首次实行军衔制被授予中尉军衔。英俊潇洒的小伙子配以裤线笔直合体的军服，此时又佩戴了耀眼的肩章，更显威武挺拔意气风发。从那一天起，孙家栋他们都穿上了统一制式、佩戴军衔的中国式军装，中国军人以新的形象出现在了苏联大地。在授军衔这种庄严的场面，也使个别学员感到异常紧张。有个学员在主席台上接受了军衔，听到“向左转”、“正步走”的口令后，竟然一反平日熟练的步伐，手脚一顺且非常认真地从台上走了下来。台下的学员虽然看得真切，但在那个庄严的场合也没有人敢笑出声来。现场苏联教官很是生气，悄悄地举起拳头对这位学员来了个咬牙切齿的表情。平时我是怎么训练你们的，你竟然在这么庄严的场合给我犯这样的低级错误，哼！这当然是严肃中的一个小插曲。

1956年8月6日，是孙家栋又一个难忘的日子，他在各个方面严格要求自己，学习拔尖，政治上进，军体优秀，留学生支部批准他光荣地加入了中国共产党。

1957年11月17日是一个非同寻常的日子，这天是莫斯科的初冬，地上已经积了厚厚的一层雪了，当时正在莫斯科访问的毛泽东主席这天将要与中国在苏联的留学生会面。毛泽东这次来苏联是率领中国庞大的代表团到莫斯科参加十月革命胜利40周年庆祝活动、出席各国共产党和工人党代表大会的。毛泽东一生中只跨出国门两次，两次出国都是去的苏联，这是第二次。

前来参加毛泽东接见的地方院校的中国留学生，大多都由学校统一组织乘坐大轿车前往，而孙家栋他们这些茹科夫斯基空军工程学院的军官学员则可以自行前往。他们从学校出发前将皮鞋擦得锃亮，裤线压得笔直，军服上的黄铜扣子也擦得闪闪发光。他们一行乘坐地铁倒了几次车，早早来到了莫斯科大学的礼堂前，其他学校的留学生也都提早从四面八方赶到莫斯科大学。参加会见的学生有三千多人，当时莫斯科大学的大礼堂没有多余的座位，坐不下的同学就挤在座椅的过道上，而孙家栋他们一行军官学员被安排在礼堂离主席台最前方的位置，大家都在焦急而兴奋地等待着毛泽东、邓小平等领袖们的接见。

下午6时许，毛泽东迈着稳健的步伐走进了礼堂。后面紧跟着彭德怀、邓小平、乌兰夫、杨尚昆、胡乔木等领导，这时全场沸腾，欢声雷动。毛泽东高兴地走到主席台的前沿和两端，频频向大家招手致意。

这一刻，孙家栋在最近距离见到了祖国的亲人，见到了敬仰已久的伟大领袖毛泽东。

毛泽东向大家招手致意后，发表了亲切的演说。他用那浓重的湖南口音讲道："世界是你们的，也是我们的，但归根结底是你们的。你们青年人朝气蓬勃，正在兴旺时期，好像早上八九点钟的太阳，中国的前途是属于你们的。世界是属于你们的。希望寄托在你们身上！"他还教导同学们说："青年人应具备两点，一是朝气蓬勃，二是谦虚谨慎。"在讲话中，毛泽东纵论天下，旁征博引，在这里还提出"世界上怕就怕认真二字，共产党就最讲认真"的名言。毛泽东的讲话亲切和蔼，风趣幽默。台上台下，有问有答，其乐融融，大厅内充满了欢声笑语。

毛主席1957年11月在莫斯科接见中国留苏学生

为了满足更多同学能亲睹领袖风采、聆听领袖教诲的愿望，毛泽东又特地从大礼堂来到学生俱乐部。毛泽东看到那么多的中国留学生，看到了学生们热切的表情，又兴致勃勃地即席对早已聚集在那里等候的数百名留学生说："第一，青年人既要勇敢又要谦虚；第二，祝你们身体好、学习好、将来工作好；第三，和苏联朋友要亲密团结。"

毛泽东还到学生宿舍，察看、询问留学生的学习生活情况，勉励大家"要努力学习，建设祖国，加强与苏联师生的友谊"。近一个半小时的会见和讲话，大家沉浸在无比的激动和幸福之中，"为党奋斗50年"、"为祖国工作50年"的口号声响彻礼堂上空。

毛主席1957年11月在莫斯科接见中国留苏学生并讲话

毛泽东的讲话不仅鼓舞着孙家栋这些留苏学生，而且一直鼓舞着中国当时的整个一代人。

荣登榜首

孙家栋在沈阳空军第四航校时，经常能听到苏联教官讲解专业定理时提到一些陌生的名字，在谈论到航空领域的事情时，常常会说出某某教授是怎么讲的，某某定义在茹科夫斯基空军

1958年4月23位苏联茹科夫斯基空军工程学院中国留学生集体合影。最上排中为孙家栋

工程学院教科书里是如何阐明的。茹科夫斯基空军工程学院拥有先进的教学设备和科研实验室，其中包括：装有亚音速风洞和超音速风洞设备的大型空气动力学教学实验室；供研究涡轮喷气式发动机、空气压缩机、涡轮机及其他航空动力装置部件的完备的实验训练机场基地，供停放现代化战斗机和军用运输机的大型停机坪。实验室装备有现代化的电子计算设备、各种实验装置、练习器材和供进行飞机结构构件静力和动力试验及其他多种研究项目的整套试验设备。学院有一座教学实验工厂，供学员进行生产实习、制造教学与科研设备和进行各种设备的操作表演。学院培养了大批优秀的专业人才。孙家栋能够在这所学校深造确实是一个机遇，他十分珍惜。

孙家栋不仅学习成绩名列前茅，在体育运动、学校组织的社会活动方面也都表现得很出色，随着时间的推移，孙家栋每天虽然处于紧张的学习中，但在不知不觉中他在学院里小有名气了。

在苏联所有的高等院校里，也有一个类似中国政治思想工作的评比标准，就像中国单位里的光荣榜一样。

那一年，在茹科夫斯基空军工程学院一进大门最显眼的“明星榜”上出现了孙家栋的大照片。原来，茹科夫斯基空军工程学院有一个激励学生上进的传统做法，就是把每年年终考试获得全优的学生照片放入《明星榜》，如果年年都能连续保持，他的照片便会一年往上挪一次，并且照片一年比一年大。但是，随着照片越来越大，能在《明星榜》上出现的照片数量也将越来越少，等到顶头的照片所剩无几。照片到了顶头，也该毕业了。此时，顶头照片的获得者将会获得一枚纯金质的“斯大林奖章”。这枚奖章对苏联学生来讲可以说是梦寐以求的一件事，因为毕业时如果获得这种奖章不仅可以比普通学生的军衔高一级，而且可以优先选择自己满意的工作，还可以带双份工资享受3个月的休假。

孙家栋在茹科夫斯基空军工程学院的学习中，不仅学业有成，而且年年全优、年年榜上有他的明星照。孙家栋的同窗战友刘从军曾对笔者说：“孙家栋就是聪明，自进入茹科夫斯基空军工程学院读预科开始，一直到本科毕业，他的各科考试成绩从来没有过4分、3分，而且各科门门5分，年年5分，是真正全部5分的全优生。那时候我就说过，孙家栋学一天够我刘从军学一个礼拜呀。”孙家栋的刻苦好学和聪明才智确实得到了老师与同学们的赞赏和钦佩。

1958年3月10日，孙家栋以留学苏联期间的优秀成绩，荣获了最高苏维埃颁发的“斯大林金质奖章”。他登上了苏联红军俱乐部的领奖台，隆重接受了颁发给他的那值得纪念和来之不易的纯金奖章。在那一年全苏联军队院校毕业的学员中总共只有13名获得“斯大林金质奖章”者，中国留学生在当时能够得到最高苏维埃颁发的“斯大林金质奖章”那可真是来之不易，他又一次赢得了众多老师、同学的赞赏，也又一次成为众人羡慕眼光的聚焦点。当然，也有一些漂亮女孩子向孙家栋投去爱慕的眼神。

但是，孙家栋的心中只有一个念头：毕业后立即回国。祖

在苏联留学获得的斯大林金质奖章

以全优成绩获得毕业证书

国急需人才，用学到的知识报效祖国和建设祖国！

1958年的初春4月，西伯利亚的阵阵寒流虽然在呼啸，但祖国社会主义建设的高潮正如火如荼。中国隆冬的冰封正在春意中消融，孙家栋与他的22名留学苏联茹科夫斯基空军工程学院的同窗战友，结束了在苏联苦读苦练的留学岁月，怀揣着真知学识，练就了强健体魄，迈着雄伟的步伐，在迎来新一年春暖花开、万物复苏的阳光明媚的日子里，登上了归国的列车。孙家栋在隆隆的火车声中，告别了异国的老师、同学、战友，谢绝了众多的思恋与挽留之情，归心似箭地踏上了返回祖国的旅程。他深情地望着车窗外："祖国啊，我回来了！我终于要回到祖国的怀抱了！"

第三章

聂帅钦点

施展才华

时势造英雄，英雄造时势。这是孙家栋经常说的一句口头语。事业需要学有所成的孙家栋，事业也将给孙家栋提供施展才华的环境。孙家栋等23位留学苏联的军校状元学成回国前夕，新组建的国防部五院急需要技术人才，聂荣臻元帅向时任空军司令员的刘亚楼提出要人，刘亚楼上将心疼地诉苦说："聂帅，你提出要人，我怎么也不敢不给，但给你三分之二，给我留8个行不行？"聂帅真的就给刘亚楼司令留了8个人。孙家栋的名字被圈点到了国防部五院的名单里，国家需要搞导弹，孙家栋带着他留苏期间寒窗积累的航空发动机理论开始了新中国导弹发动机的研究。

与孙家栋一起分配到国防部五院的同窗战友来到新中国刚刚起步的用武之地后，立即投入紧张的工作。他们这些同窗好友日后大都是中国航天事业开拓发展中的一代天骄，成为中国航天领域里享有盛名的专家。

1958年4月20日，学习飞行器发动机技术的孙家栋，拿着一纸调令来到了国防部第五研究院一分院导弹总体设计部。此时，中国的高层领导正在筹划着中国导弹武器的战略发展。

早在1956年初，毛泽东主席在国家最高国务会议上就豪迈地提出：我国人民应该有一个远大的规划，要在几十年内，努力改变我国在经济上和科学文化上的落后状况，迅速达到世界上的先进水平。

中国导弹事业的发展已正式列入国家发展计划，祖国导弹武器的研制已正式起步。人才！人才是事业发展第一宝贵的财富！

在那个年代，人们对所谓的导弹还很陌生，拿来外文资料后，就连有丰富外语经验的翻译也不知该如何翻译Guided missile这个名词。因为在中国当时的英汉词典里还没有这个名词。有人将这个词译作“飞弹”，有人译作“带引导的弹”，但都不标准也不形象，最后还是由钱学森给以定义，确定译作“导弹”。

导弹，简单地说，就是依靠自身发动机喷射工质产生反作用推进能控制其飞行弹道，将弹头导向并毁伤目标的武器。它自身携带氧化剂和燃烧剂，不需要空气中的氧助燃，既可以在地球大气层中飞行，也可以在没有氧气的外层空间飞行。要实现导弹飞行速度脱离地球引力飞出大气层，就必须要达到7.9公里/秒的第一宇宙速度，导弹或运载火箭的加速度是利用其推进剂的消耗使自身质量不断减轻，高空大气层逐渐稀薄而产生的。导弹与火箭的原理相同，采取制导功能用于投送弹头的运载工具称之为导弹，无制导运送人造卫星、载人飞船或其他有效载荷的运载工具称之为火箭。

20世纪50年代的中国，经济和技术都比较落后，在一无设备、二无资料的条件下，建立和发展导弹事业可谓是一张白纸，两手空空。新中国的领导人从党和国家的最高利益出发，高瞻远瞩地制定了一系列战略决策，把导弹武器项目列为国家的重点工程，以满足工程需要为出发点，缺资金给资金，缺人才立即调配。创业之初的短短几年，国内比较知名的技术专家便云集到了研究院。国家为研究院调集了数以千计的大、中、专毕业生充实到科研生产第一线。

在一次国务会议上，当研究到我国搞尖端武器的议题时，毛泽东主席习惯性地将大手一挥，深思熟虑地用湖南口音斩钉截铁地说：我们要下决心搞尖端！这个决心不能动摇！

时任外交部部长的陈毅元帅昂起发亮的大脑门，瞪着犀利的眼睛，用浓重的四川口音一字一顿道：一定要搞尖端技术！就是当了裤子，也要把尖端技术搞上去！我这个外交部长的腰杆还不太硬，你们把导弹、原子弹搞出来，我的腰杆就硬了。

导弹技术的发展既依赖于科学研究和工业技术的进步，反过来又可以促进和推动科学技术的发展。导弹技术在现代科学技术的高度集中，已经构成了一个国家综合国力、综合科学技术水平和国防现代化程度的重要标志。

那时候，研制导弹的单位是一个对外严格保密的单位，孙家栋回忆当年刚开始到国防部五院对保密工作要求的情景时说："我们的单位对外的称呼叫0038部队，入伍的人不能对父母和妻儿透露任何有关单位性质和驻地的情况。那时候还没有打电话的习惯，何况像我们这样的年轻人也根本不可能那么随便接触到电话。见到过去的同学朋友，肯定都要问问你，你哪儿去了？就给他们编。现在都想不起来当时怎么编的。有时候第一次编完了以后，第二次再见到，自己也忘了，又编一个。人家感觉你这人很奇怪。那也没办法，这种事情有很多。有的同志在写信里头不小心，说出去了，就受处分了。有的同志出去谈女朋友，一谈起在做什么工作，经常吞吞吐吐地把女方弄得莫名其妙，最后不少都吹了。50年代，在空军部队里的保密是很严的。在苏联学习的时候，也算是学的保密专业，要求也很严。回来以后，刚一参加工作的时候，每人都有个保密包，单位专门做了一个大口袋，绿色帆布的。再给你发个保密本，你领的时候都要签字。保密包顶上的封口有两个绳头搁在表面上，有块俗称'火胶'的橡皮泥把两个绳头按上。按上以后你自己有个戳子，盖个戳，完了交到保密室。保密员看你这个有戳，给你收起来。晚上下班只要你离开这个楼，你文件包里所有的文件都要交到保密室。保密室一天24小时都有人值班。因为有时候晚上要加班设计啊。第二天上班的时候，你要办个手续得签字，才能领出来。你领包也得看一下，我昨天盖的那个戳子有没有人动过，证明没人动了，你再领出来。就是这么一整套保密手续。”

幸遇恩师

孙家栋经常说：“我从苏联回来搞导弹，得益于当时许多开创我国导弹事业的师长，他们对新中国导弹事业的执着追求、精益求精的工作作风、为人师表的刻苦攻关精神，不仅给了我们很大的帮助，而且为我们树立了很好的榜样。钱学森更是我尊敬的领导和良师益友。”

孙家栋在苏联学习时就曾听说过钱学森的名字，当时钱学森在国际上已经是知名的科学家，没想到回国才这么短时间就可以在钱学森的身边工作。孙家栋心中暗想，这可是个好机会，有这样的老师在身边，如果学不成，一定是自己不用功，遇到不明白的问题一定要及时请教。

1956年10月8日，在中国航天发展史上这是一个值得纪念的日子。中国航天发展最早的火箭、导弹研究机构，国防部第五研究院正式宣布成立，聂荣臻元帅亲自主持研究院成立仪式，钱学森被任命为院长。

1956年，毛泽东与钱学森亲切交谈

1957年10月4日，苏联将世界上第一颗人造地球卫星成功地送入太空，它集中体现了一个国家科学技术的实力水平，当时，在国际上确实引起了一场不小的震动。

1957年11月16日，正式批准成立国防部第五研究院第一分院即现在的中国运载火箭技术研究院。周恩来总理任命钱学森兼任一分院院长。5个月后，孙家栋来到一分院下辖的导弹总体设计部开始了中国的导弹研制生涯。

在国家的高度重视下，中国的导弹事业有规划、有步骤、有机构、有组织地全面展开。

2005年9月，孙家栋在参加钱学森归国50周年座谈会后，对采访他的记者恳切地谈了许多他自己的感想。钱学森在孙家栋的心目中是一位非常伟大的人物。孙家栋回想一生走过的道路认为能在钱学森的直接领导下工作是十分幸运的。纪念钱学森归国50周年，不仅是表达对这位耄耋老人的敬意和祝福，更重要的是以回顾这位爱国赤子、科学巨匠走过的光辉道路，来激励广大科技工作者、特别是青年同志，立志为祖国的科技事业的发展，为祖国的繁荣富强做出突出贡献。

孙家栋回忆起1958年从苏联留学刚回国，跟着钱学森搞火箭搞导弹，真是又高兴又担心。高兴的是能在新中国刚刚创立两年的国防尖端科技部门工作，可以为国家干一番事业。担心的是，自己学的是航空专业，导弹是什么样子？怎么设计？怎么制造？心里一点儿底也没有。当时周围的同志，有学力学的、数学的、化学的、纺织的、文史的，就是没有学导弹理论的，孙家栋所学的航空理论还算与导弹专业离得最近。那时候，钱学森亲自给讲授导弹概论，编制课程大纲请庄逢甘教授讲空气动力学，请梁守槃教授讲火箭发动机，请朱正教授讲制导……

在实际工作中，孙家栋先后担任了工程总体组长、总体室主任、总体部副主任，直接在钱学森的领导下从事导弹设计、研制、试验工作，可以说是耳提面命，感触颇多，受益匪浅。

孙家栋回忆中国航天走过的历程，感到钱学森在中国航天初创时建立在科学思考基础上的魄力和为国家为民族不怕担风险的大无畏精神，对孙家栋以至那一代人都具有非常强的影响力。

中国空间技术研究院建立后，孙家栋又参与了钱学森主持制订“三星规划”（东方红一号、返回式卫星和同步轨道通信卫星）工作，这些规划为中国的空间技术的发展奠定了基础。孙家栋作为空间技术研究院的院长，体会更加深刻。钱学森在技术发展途径中所起的作用是别人无可替代的，但钱学森非常谦虚，每当讲到成绩，他从来都是把周恩来总理、聂荣臻元帅等党和国家领导人的具体指导放到前面，把广大科研人员的辛勤创造放到前面。钱学森的崇高科研道德和人格魅力，无时无刻不在影响着孙家栋。

钱学森平易近人，对青年人关怀爱护。在很长一段时间里坚持每周都要抽出时间与孙家栋他们这些设计人员讨论技术问题，若有什么不妥，他会耐心引导、解释，很少直接批评，总是给以启发式的教育。就是在一些小节上也不例外，记得有一次开会的时间是北京的年底，那个季节天气比较冷，门窗都关着，因为有人抽烟，钱学森看到有人被呛得咳嗽，便什么都没讲，起身走到窗前打开了一扇窗户来散气，抽烟的同志感到自己的不妥，立即把烟给熄灭了。

钱学森严谨的工作作风令孙家栋终生难忘。20世纪60年代后期，中国自行研制的一种新型火箭即将运往发射基地，按惯例产品出厂前要完成装配、测试工作。其中惯性制导系统的平台上的4个高精度陀螺要精确地装好，再拆开，包装好运往发射基地。当时由于时间紧，车间师傅跟孙家栋说，4个陀螺是同一批次生产的，第一个能装上，其他3个应该没问题，时间紧，是不是可以不再装了？孙家栋觉得安装师傅说的有一定道理，便同意了。万万没想到在发射场装配时，却出现了问题，怎么也装不上，只好立即向钱学森院长报告。钱学森听了汇报后并没有批评孙家栋，而是出主意进行仔细研磨后再试装。加工研磨时，钱学森也来到现场仔细察看排除故障的情况。那种精密部件研磨是很费时间的。钱学森也不说话，背着手走来走去。孙家栋和工人师傅从下午1点一直到第二天凌晨4点才装好，钱学森在现场就一直陪到凌晨4点。大家几次劝他回去休息，但他就是不走。这件事给孙家栋留下了非常深刻的印象，他虽然没有直接提出批评，但那种无声的力量让人感到比批评更严厉。从此，大家从点滴小事做起，不敢有丝毫的马虎。后来，孙家栋把这种严格要求的作风带到了空间技术研究院，有人说孙家栋太严厉了，孙家栋便解释，钱学森为我们树立了严谨的好作风，我们必须认真办好每件事。

钱学森敢于负责、勇于替下属和青年同志承担责任的作风也为孙家栋起到了榜样作用。1962年的一次导弹发射时失败了。导弹失败对搞总体的人来说压力非常大，故障原因分析时，钱学森看到孙家栋他们灰溜溜的，就主动以自己承担责任的方法为大家减压。钱学森说："如果要有考虑不周的原因，首先是我考虑不周，责任在我，不在你们。你们只管研究怎样改进结构和试验方法，大胆工作，你们所提的建议如果成功了，功劳是大家的，如果失败了，大家一起来总结教训，责任由我来承担。"钱学森的一席话一下子把孙家栋的顾虑都打消了。孙家栋自己当了领导后，看到年轻人工作上有什么差错，也常常像钱学森那样，替他们担责任，鼓励他们放下包袱，把事情办好。

2004年12月10日，孙家栋去看望了钱学森。由于钱学森的身体原因，大家都很不容易见到他。那天钱学森的精神相当不错，孙家栋打心里非常高兴，钱学森问这问那也显得很兴奋。钱学森曾经说过："我作为一名中国的科技工作者，活着的目的就是为人民服务。如果人民最后对我的一生所做的工作表示满意的话，那才是最高的奖赏。"这段简短的人生座右铭，就是他为祖国为人民鞠躬尽瘁、一生以科学态度追求真理的真实写照。此时孙家栋对钱学森的内心世界一定比别人有不同的理解，因为孙家栋与钱学森有过别人所没有的工作和交往经历，孙家栋更能理解钱学森的人生追求和思想境界。

2009年3月5日，孙家栋的秘书李钢面带喜色，兴奋地递给孙家栋一封贺信，那是钱学森祝贺孙家栋80岁生日的亲笔签名信：

孙家栋院士：

您是我当年十分欣赏的一位年轻人，听说您今年都80大寿了，我要向您表示衷心的祝贺！

您是在中国航天事业发展历程中成长起来的优秀科学家，也是中国航天事业的见证人。自第一颗人造地球卫星首战告捷起，到绕月探测工程的圆满成功，您几十年来为中国航天的发展做出了突出贡献，共和国不会忘记，人民不会忘记。我为您取得的成就感到骄傲。

2004年12月10日孙家栋看望钱学森和夫人蒋英（中）并亲切交谈

希望您今后要保重身体，健康生活，做一名百岁航天老人。

谨祝生日快乐！夫人面前代致问候！

钱学森

二〇〇九年三月三日

孙家栋一字一句地认真看着信，心里涌动着阵阵激情，孙家栋深为几近百岁老师的赞赏和祝福所感动。他的思绪一下子回到了钱学森带领大家搞航天的那个年代，几十年过去了，孙家栋忘不了钱学森在中国航天开创的那个年代带领大家艰苦创业的日日夜夜。同样，中国航天取得的巨大成就也鼓舞着两位航天科学家。

孙家栋即刻给钱学森家里去了电话：对老师的祝福我从内心表示深深的感谢，更为钱老在信中7次出现‘您’这个称呼所感动，钱老称我80岁为大寿更是不敢当。钱老对待科学、对待事物都是那么谦虚，几十年过去了对我这学生仍然是关怀备至，老师严谨认真的一贯作风，值得我一生受用。

钱老办公室的人员说：“按照钱老的意思拟好信，钱老修改后又给钱老读了一遍。钱老一字一句认真听完后，签上了自己的名字，然后颇有感触地说，家栋都快80岁了，在我的眼里，他还是一位28岁的年轻人呢。”

他们都是中国航天发展的见证者，生命不息，奋斗不止，为了中国航天再创辉煌，为了国家的强大，他们仍然在默默地做着奉献。孙家栋的内心陷入了沉思，他衷心祝愿钱学森这位“国家杰出贡献科学家”健康长寿……

2009年10月31日，大地呜咽，天地同悲。中国航天事业的奠基人钱学森的心脏停止了跳动。11月1日北京的第一场大雪突如其来，仿佛在诉说着无尽的哀思。寒冷的空气弥漫着凝重与伤感。孙家栋与夫人魏素萍各自手持一束洁白的菊花走进钱老家中，他们面色悲恸，在钱老遗像前深深鞠躬，表达对钱老的无限哀思。作为钱老的学生和同事，他一直把继承钱老的科学精神作为自己的毕生追求。

钱学森从1960年起就居住在阜成路的航天部大院，低调简朴地生活，度过了将近半个世纪的春夏秋冬，直到走完人生的旅程。钱学森搬进这栋小楼时带来的一棵小树苗，如今已经长成参天大树。被鹅毛大雪压弯了的树枝低垂着，似乎也在向这位科学老人默默致哀。

孙家栋是在头天下午1时多的电视新闻中获悉钱老去世的。看到这条消息，孙家栋震惊不已，拿筷子的手僵持了好久才放下。因为几天前他还问过钱老身体怎么样，当时秘书说钱老身体很好，精神也非常好。再过一个多月，12月11日，就是钱老99岁寿辰，孙家栋还寻思着怎么向钱老表示祝贺。每年钱老过生日，他都会送上一张贺卡。此时看到这条消息，他真的不敢相信自己的眼睛和耳朵了，甚至怀疑中央电视台是不是报错了。他马上打电话给钱老的儿子钱永刚，不通，打钱老家里电话，也不通，他又给钱老的秘书打电话，总算打通了，才证实电视上没有播错。

孙家栋站在钱老家中的灵堂，看着钱老慈祥微笑着的照片，仿佛回到了钱学森带领一班航天人的导弹测试现场。钱学森不仅是一位杰出的科学家，同时也是一位眼光高远、诲人不倦的导师。在航天科技事业岗位上，当年在钱学森辛勤培养和真诚关怀下的年轻一代科技工作者，早已成为航天科技事业的栋梁之材。孙家栋跟着钱老从新中国的第一枚导弹、第一颗卫星干起，走过了半个世纪的风云岁月，此时历历在目、思绪万千，孙家栋饱含深情地说："钱学森是我尊敬的领导和良师益友。"

结缘导弹

孙家栋加入到了中国导弹研制大军的行列，但导弹从研制到装备部队使用需要诸多环节的配套才能实现。导弹综合试验靶场是完成导弹武器试验非常重要且必不可少的设施。导弹研制与导弹试验场的建设密切相关，孙家栋作为导弹总体组的设计负责人，积极参与导弹综合试验靶场的协调配套，依据导弹的总体技术要求提出导弹综合试验靶场建设的一系列配套指标。殊不知，导弹综合试验靶场的建设也同导弹研制一样，饱含着神秘色彩……

中国拥有导弹武器必须要建立配套的各种设施，最为主要的设施便是导弹武器发射试验场。中央军委做出决定，导弹武器发射试验场绝不拖后腿，必须立即组织强有力的班子展开导弹武器发射试验场建设。

1958年1月18日，由时任解放军炮兵司令员陈锡联上将组织率领的导弹试验靶场勘察队整装待发，参加这个勘察队里的很多人都是身经百战、立下赫赫战功的将军，他们有总参谋部作战部部长王尚荣中将、中国人民志愿军第二十兵团副司令员孙继先中将、军械试验场场长张贻祥少将和总参谋部、总后勤部有关军兵种的人员以及苏联专家组负责人盖杜柯夫少将等五十多人。当日，靶场勘察队人员的专机抵达兰州，以兰州军区司令部作为大本营。经过数次大规模、小范围空中勘察、地面实际勘察，对预定的各种条件因素与实际情况进行比对权衡后，

额济纳旗的弱水河美景

大家倾向于将中国导弹综合试验靶场设立在甘肃西北的额济纳旗地区。

额济纳旗当时属于内蒙古自治区巴彦淖尔盟所辖，是内蒙古自治区最西部的一个旗，总面积11.46万平方公里，95%以上是戈壁。导弹综合试验靶场建到这里后，将意味着数万平方公里的地区被划为军事禁区，禁区所涉及的人口将占全旗四分之一，将有一半以上的各类牲畜需要整体搬迁，原来额济纳旗与外界往来的便捷交通要道——酒泉至额济纳旗的公路也将改道绕行。为了国家大局的需要，乌兰夫对内蒙古下达命令，要紧急动员，要无条件、无代价地服从国家的决定，要为国家导弹综合试验靶场的建设创造条件，要做好当地人民群众的民族工作。

巴彦淖尔盟盟委立即组成了相应的工作组具体组织实施移民搬迁工作。工作组大都是既富有工作热情又富有民族事务经验的人员，他们深入额济纳旗最基层的搬迁现场，顶烈日、抗风沙、乘汽车、骑马、骑骆驼、步行，在当地辗转行程数千公里进行耐心、细致的宣传、动员和民族协调工作。为迁移300多户牧民和喇嘛，在新址建造住房750间、喇嘛寺庙用房80间以及大量牲畜圈、暖棚等。牧民和喇嘛深明大义，为了国防建设，于9月底从世代生息繁衍的额济纳旗河上游水草肥美的牧场，赶着牛羊骆驼和勒勒车，远离家园，搬迁到150公里之外的沙漠腹地。据统计，当年搬迁的牧民占全旗人口的四分之一，牲畜头数占全旗牲畜总头数的一半。巴彦淖尔盟盟委书记巴图巴根，

酒泉卫星发射中心的胡杨林

盟委统战部领导王守玉、额济纳旗旗长塔旺嘉布等直接见证了这项工作。如今他们都已是耄耋之年，但他们经历了新中国的建立，参加了新中国的建设。他们内心满怀着祖国强盛的愿望，在那个对尖端技术极其保密的年代，他们心中盼望着祖国的尖端武器早日研制成功，他们都是忠诚于党的事业，忠诚于党的民族工作，具有丰富经验的民族工作干部。国家导弹事业兴起的这一重要环节，在他们心中留下了永久的记忆。

之后，旗政府又搬迁到建国营，最后搬到现在达来呼布的旗府所在地，这个“三易旗府”的故事成为额济纳旗人民支援国防事业的动人佳话。历史见证未来，祖国不会忘记，中国航天不会忘记！曾任中央军委副主席、国防科学技术委员会主任聂荣臻生前十分感慨地说：“额济纳旗人民对祖国的国防事业做出了巨大的牺牲，我们一定要记住他们，一定要在适当时候回报他们。”

1958年10月20日，中华人民共和国国防部正式授予导弹试验基地部队番号，经总参谋部批准基地使用“东风”为代号。中国第一个导弹综合试验靶场矗立在了人烟稀少的荒漠戈壁上，这个导弹综合试验靶场就是后来闻名于世的“中国酒泉卫星发射中心”。

孙家栋参加研制的第一枚导弹、第一颗“东方红”卫星、“实践一号”卫星、返回式卫星都是在这里发射升空的，孙家栋与这块浩瀚的戈壁大地也结下了不解之缘。而“中国酒泉卫星发射中心”在我国航天史上更是创造了许多个第一。

如今酒泉卫星发射中心风景如画的美景

神剑冲天

孙家栋自1958年4月20日来到了国防部第五研究院一分院总体设计部从事导弹研究，至1967年7月29日离开一分院开始人造卫星的总体研究，整整9年时间。9年弹指一挥间，我国的导弹事业从无到有，发生了翻天覆地的变化，中国自主研制的导弹武器不仅成功地完成了飞行试验，而且成功地进行了导弹、原子弹的“两弹结合”飞行试验。中国拥有导弹核武器的这一重大事件轰动了世界。长志气、扬国威，核导弹大大提高了中国在国际上的地位。孙家栋参加了这期间的全部导弹研制工作，并且由导弹总体设计员、总体组长、总体设计室主任一直升任为总体部副主任。

中国最初的导弹研制是从仿制工作起步的，是从苏联送给中国的两枚“P–2”型近程导弹开始的。历史如此具有戏剧性：200年前，中国的康熙皇帝曾送给俄国沙皇两箱中国古代的“火箭”，200年后，苏联“老大哥”又回赠了两枚“现代火箭”，就是这两枚火箭与孙家栋的命运联系在了一起。

然而，仅仅一年多的时间，1959年7月16日，苏联突然单方面决定撤回在中国工作的全部苏联专家和顾问。从7月28日起，不等中国方面给以答复，在不到一个月的时间里，撤走了1390名苏联专家，撕毁了中苏两国政府签订的12个协定、两国科学院签订的1个议定书和300多个专家合同，废除了200多个科学技术合作项目，使我国的经济建设蒙受了巨大损失。

孙家栋对中苏关系从亲密到分裂，赫鲁晓夫突然下令撤走全部专家，带走所有资料，停运所有设备的过程，感到震惊。多年后孙家栋回忆说：

> 研制导弹这么大的工作，口口声声说是援助，大张旗鼓说是支持，可是那么大的摊子，那么多搞到半截子的工作，什么也不说，第二天早上拍拍屁股就走人，这叫人特别不可理解，这对我们的工作确实是损失太大了。就从这

> 一点来讲，我们辛辛苦苦办这么件事情，你给我扔了就走，你这不是坑人是干什么呢？所以苏联专家走了以后，当时大家那个干劲不是低潮，相反地激发出了一股干劲，一鼓作气，自己把导弹干起来。

孙家栋刚一来到导弹总体设计部，立即参加到了苏联“P-2”导弹的仿制和改型设计的工作行列。当时的导弹总体设计部主任是中国导弹与航天事业开创人之一的屠守锷，孙家栋来到屠守锷领导下的导弹总体部直接开始了仿制导弹的研究。

在屠守锷的带领下，孙家栋这些年轻的科技人员昼夜加班加点，以最快的速度完成了图纸描红、原理起步，然而仿制消化、吸收反设计、改进创新的过程是极其艰难的。当时屠守锷是导弹总体工作的负责人，孙家栋是工程总体设计员，他凭着自己在苏联扎实的基础理论知识，很快就初露头角。

新中国的航天事业刚刚开始起步，犹如一张白纸没有负担。孙家栋从苏联学成归来踌躇满志，风华正茂，他日夜不停地一头扎进了摞得像山一样的资料堆里翻译资料，资料翻译出来还要系统地归类，尤其是对总体技术指标和总体技术数据还要进行验算，通过模仿设计，把导弹技术吃透，力争掌握苏联的导弹设计思路。聂荣臻老总曾把仿制形象地比喻为“爬楼梯”，意思是要通过仿制把导弹技术研究透，为以后的自行研制奠定基础。孙家栋他们这些总体人员在翻译资料的同时，还以引进苏联导弹给定的技术指标为基础，用正常的设计程序进行反设计。

这样，利用每一阶段的实际计算结果与苏联提供的资料数据进行比对，以此验证计算方法和计算公式的正确性，为后期自行研制摸索经验。

1960年8月，孙家栋被任命为导弹型号总体设计室主任，他随“东风一号”导弹试验队赴酒泉发射基地参加发射任务。11月5日，中国第一枚仿制的近程地地导弹发射上天，获得圆满成功。当时担任国家航空委员会主任的聂荣臻元帅亲临导弹发射现场，当导弹点火升空，按预定计划圆满完成飞行试验后，坐在指挥台旁的聂帅激动地站起来说：“这是在中国地平线上飞起的中国人自己制造的导弹，是参加研制和发射试验的广大工人、技术人员、干部、解放军指战员辛勤劳动的结果，也是我军武器装备史上的一个重要转折点。”确实像聂帅所说，中国没有洋拐棍，依然可以昂首挺立，中国导弹的发射成功犹如一部历史，它把一个饱受欺凌的民族尊严和志气书写到了浩瀚无边的太空。

中国从此拥有了自己制造的导弹，填补了导弹这个尖端武器的空白。孙家栋此时的心情异常激动，这成功的背后也同样有他的心血。与此同时，自行设计的中近程导弹也进入了紧张的组装阶段。

1962年3月21日，我国自行设计研制的第一枚中近程导弹首次发射，由于控制系统失稳，导弹刚刚起飞就坠毁在导弹发射台附近。孙家栋立即投入到故障查找、故障分析和方案设计改进的紧张工作中。他们从总体方案设计入手，使用剥竹笋一样的方法，一层一层对各个分系统的技术状态以及可靠性进行分析试验，并且根据故障现象反复进行模拟验证试验，很快找出并确定了导致失败的原因。失败的原因虽然找到了，但改进设计的处置办法却成了难题，尤其是导弹飞行产生的弹性振动对控制系统的影响，要在许多方面进行试验验证和改进。他们从失败中找出教训，在教训中认真进行修改设计，经过改进后的导弹，先后完成了发动机性能试验，发动机可靠性试验，控制系统仿真与综合试验，控制系统与遥测系统匹配、模拟试验，导弹全弹振动试验等17项大型地面试验。

当时孙家栋在导弹研制队伍里虽然还是一个年轻小伙子，但在安排工作时，领导们却在不断给他"加码"，实际上是有意在培养他。

孙家栋留学苏联的同窗刘从军回忆，在中国研制导弹武器的初期，他与孙家栋同在总体部从事导弹总体工作，为了加快中国导弹事业的发展速度，上级抽调了4名技术骨干进行中国地地导弹发展规划的编制，刘从军和孙家栋都被抽调过来，当时刘从军担任总体部副主任，孙家栋担任总体室主任，在地地导弹发展规划编制过程中，孙家栋思路开阔，出了许多好主意。诸如，导弹外径尺寸的确定，导弹推进剂使用可贮存化学燃料，导弹控制系统采用惯导，遥测加大数据量，导弹结构强度的桁条薄壳理论，以及导弹中程、远程、洲际射程的距离界定，多级导弹的级数，导弹发动机推力数量、吨位等都是孙家栋最早提出来的建议。时过境迁，历史车轮转过了45年，但这些重大技术方案却一直沿用至今。刘从军说他作为当时报告的执笔人，对孙家栋所起的作用和功绩最清楚。当时的报告报到钱学森那里后，钱学森将报告定名为《弹道导弹发展技术途径》，之后上报国防部五院批准实施，为我国导弹、火箭的后续发展起到了重要作用。

刘从军回忆说：

> 那时候，国家导弹武器研究刚刚开始，由于初次接触新事物，大家都没有经验，在许多方面都是空白，谁的脑子好使，谁的点子多谁就是发明者。孙家栋的聪明度就是胜别人一筹，他首先提出新颖的设想，有了这样一个基本的点子后大家再在一起讨论，常常就萌发出了思路，然后一步步循序确定后就出了成果。可是当点子变为现实，方案成为成果后就成了集体的了，大多都没有初创者个人的名分，但几十年来，从来没有听过孙家栋居功自傲，也从来没有听到孙家栋的任何埋怨。

1964年6月29日，孙家栋在发射基地参与了“东风二号”导弹的发射试验任务。经过修改设计后的导弹在酒泉导弹发射台点火起飞，飞行试验获得圆满成功。这次成功，对于中国的导弹事业的发展具有非常重要的里程碑意义。中国不仅掌握了导弹研制的关键技术，并且系统地摸索总结出了导弹研制的科学规律，提出了必须强化总体概念，设计方案必须在可行性论证和地面试验的基础上，以可靠性为出发点进行设计。就是从这时起，导弹总体队伍的建设趋于成熟，总体队伍的模式趋于合理。7月，孙家栋被任命为中国第一枚自行设计的中程战略导弹的总体主任设计师，并且挑起了导弹总体设计部总体设计研究室主任的重任。之后，孙家栋又升任为导弹总体设计部副主任，当时总体部主任是屠守锷，孙家栋在短短的几年内由总体设计员升任为导弹总体部副主任，除了他的钻研好学外，充分说明了他在工作中的突出表现和在领导、同事们心目中的地位。孙家栋所做的工作业绩为中国导弹事业的发展添砖加瓦，做出了特殊贡献。

孙家栋对航天总体的解释说："所谓总体，就是要用最可靠的技术、最少的代价、最短的时间、最有利的配合、最有效的适应性和最有远见的前瞻性，制定出最可行的方案，保证获得最好结果的一种方法和体制。工程总体主要解决总体集成，根据国情进行切实可行的总体编制和总体设计，总体要建立在已有基础和现有条件的基础上，还要为后续发展留有充分余地。新产品、新技术要提前安排攻关，研制计划要与整个总体计划相吻合，中国航天几十年来走过的成功历程充分说明了总体工作的重要性。"孙家栋还解释道："比如航天产品在研制过程中，某系统出现的问题影响到了其他系统的工作，就要立即进行协调。有时候，某分系统或子系统出现的问题看似很小，而与其他系统进行总体匹配后，就有可能出现理论上想象不到的复杂问题。如同桌子与椅子的配合，如果在桌子太高而椅子虽矮但属于正常尺寸的情况下，一般处置方法是理应降低桌子的高度，可如果降低桌子高度所花费的时间过长、实现的难度过大时，就要从总体角度出发满足最后的目标，所以就有可能逆向思维，不降桌子而升椅子的高度来实现桌椅之间的协调。”那时，各级领导都非常重视总体工作，钱学森不论工作多么繁忙，每周都要到孙家栋这个总体组来了解情况。孙家栋遇到问题也经常随时敲门直接找钱学森。那种融洽的上下级关系很令孙家栋感怀。

随着国家整体科学技术水平的提高，中国依靠独立自主、自力更生的建国方针，大胆采用新技术、新工艺、新材料，很快就具备了将自行设计制造的导弹发射上天的能力。

1965年2月，中央专委决定对中近程地地导弹进行改进，以增大射程。孙家栋领导的一院总体设计部与有关分系统设计的单位用了半年多时间，完成了中近程地地导弹的改型工作。经过改进设计，减轻了全弹的结构重量，增加了氧化剂自动补加装置，将惯性和无线电混合的制导体制改为全惯性制导体制等，使导弹射程增大了20%，战术技术性能也有所改善。

1965年3月，中央专委批准并下达研制液体中程地地导弹的任务。孙家栋作为导弹总体设计部技术负责人主持了总体方案论证和总体设计工作。

从1965年11月起，改进的中近程地地导弹在导弹试验基地连续进行多次飞行试验，均获成功。

1966年10月27日上午9时整，中国用改型的中近程地地导弹运载着真正的核弹头点火拔地而起，核导弹伴随着轰鸣的火焰直刺苍穹消逝在人们的视野中。从仪器显示的数据分析，导弹飞行正常，9分14秒后，罗布泊落区传来了在预定高度实现了核爆炸，核弹头精确命中目标的报告。这一刻，发射场沸腾了，人们拥抱、跳跃，欢声雷动。“两弹结合”飞行试验成功的当天下午，《人民日报》发出了套红号外，向全世界公告：中国成功地试验了导弹核武器！

至此，中国不仅掌握了导弹核武器，而且走完了中近程地地导弹研制的全过程，闯出了自行研制地地战略导弹的路子，为尖端武器科研组织管理积累了经验。这种“两弹结合”的飞行试验是迄今为止除中国以外，在人类历史上还没有哪个国家进行过以实弹进行的“两弹结合”试验。是的，从第一次核爆炸到小型化核弹头，美国用了13年，苏联用了6年，我国仅仅用了2年时间。而运载核弹头的导弹在这么短时间内，实现挖潜、改型、可靠性验证等诸多设计和试验，这其中的艰辛与欢乐，孙家栋他们这些亲临导弹研制第一线的科研人员的体会会更加深刻……

中国中程地地导弹是中国独立进行研制的液体导弹，运用了与中近程地地导弹全然不同的设计方案，集中地应用了中国60年代前期进行预先研究取得的最新技术成果，对设计方案进行反复论证后，最后确定了动力系统采用可贮存推进剂液体火箭发动机的方案；制导系统采用捷联式双补偿惯性制导方案，从而简化了发射前的准备工作，提高了制导精度，地面设备实现了机动化，使导弹具备了区域机动发射能力。

孙家栋回忆起当时研制导弹的情景时说：

其实早在任务下达之前，就已开展了有关预先研究，并陆续取得了重要技术突破。任新民主持研制出了采用可贮存推进剂的火箭发动机，郝复俭主持研制成功了高精度陀螺、加速度表，在姚桐斌主持下与北京、上海、沈阳有关单位协同攻关，研究解决了不锈钢高温钎焊、铝合金化学铣切等工艺难关，试制成功了弹头烧蚀防热、燃气舵等

“神舟号”飞船在如今的酒泉卫星发射中心点火升空

所需的新材料。同时，在控制系统、遥测系统、地面设备、结构强度与环境工程等方面，也取得了许多研究成果。这些都为中程地地导弹研制打下了坚实的技术基础。

回忆起这段历史孙家栋感慨地说：

小时候最大的愿望是将来能成为一名土木建筑师，幻想将来可以建造大桥。在哈工大读书时，听说学校将要增设汽车专业，我觉得汽车更神秘，可能比造大桥更富有挑战性，没曾想最终到苏联学的却是飞机制造，然而，从苏联回国后却没有搞过一天的飞机制造。从毕业后的一开始就加入了中国导弹研制大军。我当时心里暗暗发誓，这辈子要在中国导弹事业上发挥自己的作用，所以一门心思结缘于最初的仿制导弹和东风导弹的研制工作。但更没有料想到的是，搞了近十年的导弹研制，却又与卫星开创了终身的情结。

第四章

面对总理讲真话

突破空间

人生之路如同九曲黄河，因某种机缘就会发生大转弯。走上工作岗位就从事导弹研制的孙家栋，被独具慧眼的钱学森点将，负责中国第一颗人造卫星的总体设计工作，开始走上研制卫星的道路。

孙家栋曾在《奔向空间的历程》的文章里，针对我国开展人造卫星工作，写道：

> 这是党中央发出的向空间进军的动员令。毛泽东主席的号召是在世界上第一颗人造地球卫星发射成功半年后发

出的，表明中国人民有信心、有能力登上空间技术的舞台，表达了中华民族有独立于世界民族之林的勇气和决心。从此，拉开了中国空间活动的序幕。

早在1957年10月4日苏联发射了第一颗人造地球卫星始，科学院与国防部第五研究院就对中国发射人造卫星有过考虑，认为研究人造卫星虽然工作艰苦复杂，但必须及早开展有关研究、早日制定研究方案，列入国家总体计划。

1958年5月17日的中国共产党八届二中全会上，毛泽东发出号令“我们也要搞人造卫星！”

从这之后的许多年里，聂荣臻元帅亲自领导，时任中国科学院和国防部五院负责人的张劲夫、钱学森、王诤等组织有关专家研究制定了中国人造地球卫星发展规划。一些著名科学家，如钱学森、赵九章、钱三强、陈芳允、陆元九、杨嘉墀等发表许多搞人造地球卫星的意义及实现途径的论文。但是，由于种种历史原因，中国第一颗人造卫星和其他航天器的研制是分散在中国科学院和其他一些部门进行的，这给组织领导和指挥调度带来很多困难。解决体制队伍的问题，是我国人造卫星工程研制初期的一个关键问题。

1965年元旦过后，钱学森向聂荣臻又一次提到了中国的人造卫星事情，钱学森说：“我们在卫星研究方面已经开展了许多研究，现在看来，应该提到日程上来了。搞卫星是件很复杂的事情，只有及早准备，到时候才不会误事。”

聂荣臻说：“人造卫星的事，我和总理也经常议论。前几年我们在这方面的条件还不太成熟，做了一些基础性工作。去年国庆节的时候，毛主席还专门向我问过这方面的情况。”

钱学森接着说：“人造卫星的作用还不光在军事方面，还可以搞测地卫星、广播通信卫星、气象卫星等等，尤其是载人卫星，前景很广阔。从我们现在所具备的条件看，发射10公斤的卫星是可以实现的。”

钱学森阐述了人造卫星的用途，一个国家要搞人造卫星，首先应当开展航天领域的研究，而航天领域的成果是国家综合国力的体现。

在当时那个年代，中国的基础科学还相当薄弱，人们并不知道什么是航天。

孙家栋为国防科工委科学技术部1991年公开出版发行的《中国军事百科全书——军事航天技术分册》所撰写的条目内容时，对“航天”和“航天学”做了如下叙述：

> 航天——狭义指，是人类在太空的航行活动。又称空间飞行或宇宙航行。广义指，是人类探索、开发和利用太空以及地球以外的天体的活动。这一活动借助航天器来实现。包括环绕地球的运行、飞往月球或各大行星的航行（包括环绕天体运行、从近旁飞过或在其上着陆）、行星际空间的航行和飞出太阳系的航行。航天的基本条件是航天器达到足够的速度，克服摆脱地球引力或太阳引力。宇宙

速度是航天所需的特征速度。在相当长的时期内，航天基本上是在太阳系以内的航行活动。航天是20世纪科学技术进步和社会生产发展的结果，其作用远远超出科学技术领域。人们通常把太阳系内的航行活动称为航天，把太阳系以外的航天活动称为航宇。航天有时也泛指航天工程或航天技术。

航天学——是研究航天基本原理和指导航天工程实践的综合性技术科学。又称星际航行学。航天学是航天系统、特别是航天器和航天运输系统的设计、制造、试验、发射、运行、返回、控制、管理和使用等航天技术的理论基础。主要分支学科有航天动力学、空气动力学、火箭结构分析、航天器结构分析、航天热物理学、火箭推进原理、燃烧学、航天材料学、火箭制造工艺学、航天器制造工艺学、飞行控制和导航理论、空间电子学、飞行器环境模拟理论、航天医学、航天系统工程学等。航天学是多种基础科学和技术科学在航天应用中发展起来的，航天工程实践是以航天学的理论做指导，它又丰富和发展了航天学的内容，使之成为一门自成体系的现代综合性技术科学。

涉及这么多的学科，牵扯如此繁多的部门，在当时的历史条件下要做成这件事需要攻克各个方面的难关是可想而知的。但是，中国要做这件事情，只要下决心就能做成这件事情！中国人的决心是不可低估的。新中国建立短短几年时间里向世人宣告了一个事实，正如毛泽东在《论联合政府》中讲到的："我们正在做我们的前人从来没有做过的事情。我们的目的一定要达到。我们的目的一定能够达到！"

据此，国防科委于1965年3月提出了《关于人造卫星研制工作的报告》。当时中央军委负责这项工作的罗瑞卿组织研究后，认为这个报告切实可行，立即转报了中央专委。

1965年4月10日，国防科委副主任罗舜初召集钱学森、张劲夫、张震寰、赵九章、钱骥等又对卫星发展规划方案的有关问题进行了详细研究。

报告送上只有不到一个月时间，就得到中共中央专委第十二次会议的正式批准。中央专委批准将卫星工程研制计划列入国家计划，国防科委对人造卫星工程具体组织协调。会议明确了工程技术抓总和卫星、运载火箭、测量、跟踪、遥测以及设备研制和组织协调、任务分工。

1965年8月，中央专委原则批准了中国科学院提出的卫星发展规划纲要，同意第一颗卫星争取在1970年左右发射。

然而，一场对党和人民造成巨大灾难的"文化大革命"在这时爆发了，"文革"的混乱冲击着全国的每一个地方，也必然冲击到了航天科研部门，冲击到了卫星研制的每个角落。

聂荣臻元帅面对现实，为了设法缩小影响，将混乱限制到最低程度，保证"东方红一号"卫星工程按计划顺利进行，在对形势进行分析后，向周恩来总理做了汇报，决定给中央起草一个报告。

1967年3月，中央专委向中共中央正式上报了《关于军事接管和调整改组国防科研机构的请示报告》，周恩来总理非常同意报告中的意见，为了加大稳定局面的力度，还提出应当对6个国防工业部实施军事管制的建议。

报告修改后即报毛泽东主席，即日便圈阅："总理照办。"

于是，中共中央、国务院、中央军委联合发布了对六个国防工业部实施军事管制的决定，并且组成由粟裕担任组长，王树声、向仲华任副组长的国防工业军事管制小组，在国务院和中央军委的领导下对6个国防工业部实行全面领导。向各单位明确提出，以正面教育为主，不开展大鸣、大放、大字报、大辩论。与此同时，还采取了其他一系列组织措施，从机构和管理方面来保证卫星研制工作的正常进行。

1967年6月，中央军委常委会议专题研究了组建空间技术研究院的问题，确定由国防科委具体负责空间技术研究院组建工作。

卫星上天

1967年7月29日午后，正是北京最炎热的盛夏，骄阳似火。孙家栋正在伏案进行导弹设计，汗流浃背的孙家栋为了不让头上的汗珠流下来，他用一条毛巾围在脖子上，趴在绘图板上绘制导弹工程图纸。

这时，国防科委一位同志在事前没有打任何招呼的情况下，驱车直接来到位于北京城南孙家栋的办公室，找到孙家栋简单明了地对他说："我是国防科委的汪永肃参谋，组织上派我来向你传达上级的指示。国家将要开展人造地球卫星的工程实施，为了保证人造卫星研制工作的顺利进行，中央已确定组建空间技术研究院，由钱学森同志担任院长，专门负责人造卫星方面的研究。钱学森同志向聂荣臻元帅推荐了你，根据聂老总的指示，上级决定调你去负责我国人造地球卫星的总体设计工作。”

当时造反派夺权，行政领导干部靠边站，汪永肃参谋只好直接找到孙家栋本人谈了上级的安排，并且当时谈完当即就用吉普车拉着孙家栋从北京的南苑来到位于北京西北部的友谊宾馆，宾馆北馆是空间技术研究院开设的临时办公地点。到这里后，有关领导与孙家栋又详细谈了组建卫星总体技术部的具体意图。1950年孙家栋是当日决定、当日入伍，17年后又是当日通知，当日决定，由研制导弹，转入搞卫星，人生的转折来得如此迅速，一切都是服从国家的需要。

对于卫星总体设计工作来说，是要将概念性的卫星从理论变为现实，要从概念研究变为工程实施。作为实施的途径，孙家栋首先提出要解决卫星从地面研制到空中运行全过程的总体技术方案，必须要明确每个环节的技术指标要求，明确系统与系统之间、分系统与子系统相互间错综复杂的技术接口。

孙家栋想，组建卫星总体设计研究部，必须按照工程研制的科学规律扎实地展开工作。

当时正值“文革”混乱时期，行政机构已基本被“砸烂”，派仗正闹得激烈。如何建立并组成卫星总体设计队伍，是摆在孙家栋面前非常棘手的问题，也可以说，孙家栋是受命于卫星研制的关键时刻。

为了尽快启动卫星总体工作，孙家栋向钱学森提出建议，由一院推荐几个搞总体方面的技术人员。钱学森经考虑后答复说："从一院抽人可以，但在当前'文化大革命'两派正在闹腾的局面下，推荐来的人能不能保证质量？所以，在这种特殊情况下不能依靠一院推荐，由你孙家栋提个名单后再研究确定。"

搞卫星总体，要先选人，而要选的人却在派系之中，在"无限忠于毛泽东的年代"，搞卫星是人人都想争的事情，当时的孙家栋只有38岁，虽然年轻，但各方面的工作出色，在人们眼中已是有影响力的人物，像这样的中层领导干部，稍微不注意就会引火烧身。所以选人才若处理不当，自己被"上纲上线"倒是小事，关键是卫星研制工作肯定会受到影响。

孙家栋心一横，既然领导交给了这个重任，就要敢作敢为，要抛弃一切顾虑、一门心思从搞卫星的需要出发，不怕别人说三道四。被选中的人只要条件优越、只要技术水平高超，就不去管他是这派、那派的。

经过短短几天紧张的考察、挑选，从不同的专业角度和技术特长出发，最后选定了18人，当这18人的名单提交给钱学森后，钱学森点头赞同又很快得到了聂荣臻老总的批准。这便是中国卫星发展史上有名的"航天卫星十八勇士"。

孙家栋在回忆起当年"航天卫星十八勇士"时，浮想联翩，他说：

形成一个队伍是非常难办的一件事情，新组来的成员，在组建卫星总体单位时，有诸多是在科学院从事卫星基础研究的同志，现在要把不同单位的人员组织在一起也是一件费精力的工作。大家来自不同的单位，单就人事关系方面冒出来的问题就比较复杂，实现真正的技术配套，要把各自的思想统一到一起，使不同方面集中在一起的人真正融合到一起，也确实不是一件容易的事情。根据技术上的需要，例如搞卫星，应该设立几个试验室，卫星总体方案如何制定，需要几个分系统，每个分系统的技术指标如何确定，应当怎么组织，这些都涉及卫星总体，都必须考虑到各系统特点。我主要还是从工作需要来考虑的，但是我感觉科学院的同志确实给予了很大的支持，因为从搞导弹方面过来的人总归还是少数，许多工作是要依靠科学院的同志。最后大家团结到了一块儿，用两年多的时间把卫星设计、研制搞起来了。当时我到空间研究院的时候也是接近40岁的人了，在现在看来已经不年轻了，但在那时候还是很年轻的。把造卫星这么大的事情交给你去负责，那感觉确实是既有压力也有动力。

上任伊始，孙家栋即着手主持第一颗卫星总体和分系统技术方案的论证工作，从系统工程的观点出发，重新制定了“东方红一号”卫星的总体技术方案和研制任务书。由于总体技术队伍得到了组织落实，卫星研制工作如同夹缝中生存，在暗中快马加鞭。当时外面是轰轰烈烈的“文化大革命”，是“如火如荼、造反有理”的情形，内部卫星研制却坚持按照军队序列，摆脱“文化大革命”的冲击和干扰，尽量为技术人员营造一个相对“安宁”的环境。这段时间，科研人员加班加点做设计、搞试验，努力攻关，解决了一系列技术问题，制定了卫星总体新指标，确定了卫星研制的新方案。

1967年12月，国防科委组织召开“东方红一号”卫星方案论证协调会，各有关单位和有关系统200多人参加了会议。会议确定了第一颗人造卫星的总体技术参数和各分系统技术方案，确定这颗卫星的技术水平要高于苏联、美国第一颗卫星；三级运载火箭的前两级用正在研制的中远程地地导弹改制，第三级为固体火箭；同时将这颗卫星命名为“东方红一号”；卫星总体技术方案抽象而通俗地概括为“上得去、抓得住、听得清、看得见”，这12个字便是卫星总体的实现目标。

技术目标确定以后，需要对大量没有论证清楚的问题进行逐一落实，尤其是理论的设想方案如何在实际中实现？地面的东西如何满足空间的条件？空间的环境状况和温度参数全无，需要什么样的试验设施和指标参数也都没掌握。当时，航天系统还没有建立总设计师制度，当时的技术总负责人就相当于现在的总设计师。作为卫星技术总负责人的孙家栋，他大胆地提出对原来的卫星方案进行简化，充分发挥技术人员的聪明才智和积极性，说服了一些老专家，把卫星研制计划分为两步走，先用最短的时间实现卫星上天，在解决了有无问题的基础上，再研制带有探测功能

“东方红一号”卫星

的工程应用卫星。孙家栋的大胆设想立即得到了大多数人的赞成和认可。时任国防科委副主任的刘华清在回忆录中写道——

> 我不懂卫星，也不管这项工作。到了1968年，“东方红一号”卫星的研制遇到了问题，各分系统文齐武不齐，不协调不配套。为了保证1970年发射，空间技术研究院领导和设计人员在原方案基础上进行了合理的修改，但这一修改方案却找不到拍板的人。五院总体主任设计师孙家栋拿着方案找到我，孙家栋说话很直率：你懂也得管，不懂也得管。你们定了，拍个板，我们就可以往前走。
>
> 听了他们的汇报，问了有关情况，我心想，这事不能

拖，总得有人承担这责任。便对他说："技术上你负责，其他问题我负责，我拍板。"

这个时期，七机部也没有什么人管事了。关于"东方红"卫星的事，后来我又听过一次机关汇报，也到现场看了看。卫星方案的若干修改和简化我就拍板定了。我当时强调，最后总体决策还要向党中央、周恩来总理和聂帅报告。我把卫星方案修改和简化情况报告了聂帅，聂帅也批准了。卫星计划才得以进行下去。回想起来，当时这么干，除了有一种强烈的责任感外，也有一点儿傻大胆的味道。

在"文化大革命"那种极端的政治环境下，正确的陈言也是要担当很大政治风险的。但是，孙家栋作为一个正直的科学

组装中的"东方红一号"卫星

工作者，他为了国家利益、为了国家的事业毅然抛掉许多个人杂念的顾虑，那种敢于担风险的勇气便油然而生。强烈的责任感驱使孙家栋数次大胆陈言，在“文化大革命”的混乱状态下，孙家栋完全把对个人利益的影响置之度外，一门心思就是要保证让中国的人造卫星按计划发射成功。也正是他的无私无畏得到了领导的支持，也正是领导的支持使卫星总体技术指标能够及时确定，使卫星研制计划能够在特殊环境下得以顺利进行。

太空奏响《东方红》，听似简单，但在那个技术基础条件下，实现起来还是有很大难度的。《东方红》乐音装置及短波遥测系统，采用一个发射机交替播送《东方红》乐曲和发送卫星各种工程遥测参数，为了实现这一较为先进、难度较大的技术方案，采用了电子线路产生的复合音来模拟铝板琴演奏乐曲，以高稳定度音源振荡器代替音键，用程序控制线路产生的节拍来控制音源振荡器发音，从而保证了乐音嘹亮悦耳。

卫星的热控系统采用自然平衡方法，通过对星体结构各组件的表面分别采取阳极化、喷涂有机绝热涂层、镀金、包覆绝热层等措施，改变其热吸收和热辐射性能，使仪器舱内的温度长时间保持在5℃～40℃，以满足仪器正常工作的要求。在热控系统研制过程中，需要进行卫星热真空模拟试验来检验设计的合理性。但当时国内还没有模拟太阳和地球对卫星辐射的大型模拟器，如何进行这项试验是亟须解决的课题。这时，热控系统技术负责人闵桂荣提出轨道周期积分平均热流代替交变热流来确定卫星内部仪器温度的平均值。据此，研制人员采用远红外电加热笼的模拟方法，成功地攻克了这个技术难关。

孙家栋在过去很多年后回忆起这段历史时仍然动情地说：

> 在当时那种技术条件、物质生活、工作环境下，在那么短的时间里做成这样一件大事，是大力协同、无私奉献的航天精神起了关键性的作用。

当时，中国的基础工业非常薄弱，仅以小小的电信号连接插头为例，国内能够制造有二十几个插针的合格插头的企业几乎没有。为了解决这个插头问题，孙家栋他们不得不怀揣着总理办公室的介绍信，通过当时上海市的主要负责人，找到上海无线电五厂，与几位有经验的老师傅具体切磋探讨，制定了初步方案后又经过反复试验，终于将这种卫星上专用的也是非常特殊的插头造了出来。

“东方红一号”卫星上的短波天线是用来发送《东方红》乐

“东方红一号”卫星未展开的反光观察球

曲信号和遥测参数的。运载火箭点火起飞离开地面将卫星送入太空预定位置与卫星分离后，拉杆式结构的短波天线要可靠释放展开，这是保证播放《东方红》乐曲质量的关键。卫星上共有4根短波天线，每根长3米，由3节组成，用铰链与卫星腰带相连接。卫星发射前将每根天线收缩成1米长折下，与卫星自旋轴平行套在顶级火箭外壁上的卡环中。火箭飞行临近结束前，顶级火箭起旋（以180转/分的速度带着卫星自旋转），卫星与火箭分离后，短波天线的自由端离开卡环，在卫星高速旋转时产生的离心力作用下，收缩状态的4根短波天线便迅速展开。然而，天线的展开与释放在地面比较容易实现，但在太空中高速旋转状态下则是一项较为复杂的运动过程。

在第一次模拟卫星自旋天线展开释放试验中，出现最后一节天线被折断甩出去的问题，试验没有成功。又做了2次、3次、4次……一直做了10次仍然没有成功。一次次的失败不得不使大家冷静下来仔细分析。大家初步分析认为：天线展开后，两节天线间连接部分太短，强度不够，管子的直径也较大，由于质量大，在高速旋转时的离心力也大，因而末节天线容易折断。为了做到“稳妥可靠、万无一失”，孙家栋经过反复思考，并与技术人员们探讨后提出，天线释放和展开的运动形式是个复杂的运动合成，要作为专题来研究，并且还要考虑在地面做试验时重量的影响。天线组的人员进一步分析、试验后认为，天线与卫星之间只有一个铰链的设计，使每根天线相对卫星只有一个方向的转动，这与卫星自旋时，依靠旋转和离心力使天线展开和释放的实际运动是不一致的。孙家栋统一了大家的意见后，修改了天线结构设计重新进行了几次试验，均获成功。紧接着，又一个一个地攻克了测量卫星姿态的红外地平仪，顶级火箭上为了增强地面观测的“观测裙”，仪器舱大面积镀金，制作《东方红》乐音装置等技术难关。

1969年9月，第一颗“东方红一号”卫星完成了初样卫星全部环境模拟试验，结果证明卫星各系统符合指标要求，技术状态正常。

1969年10月，“东方红一号”正样卫星、也就是要发射上天的卫星完成了各系统的研制工作。

当时设备简陋，孙家栋（右）在发射控制室借助望远镜观察发射状态。左为时任七机部宋健副部长

直言总理

中国第一颗人造地球卫星的研制与发射，将是中国迈向宇宙空间的第一步，无论在国内还是在国际都具有非常大的政治影响。卫星研制的捷报频传同样牵动着周恩来总理的心，周恩来和中央专委的领导在百忙之中几次听取了卫星研制工作进展情况的汇报。

10月下旬的一天晚上，孙家栋作为卫星总体技术总负责人和钱学森的助手与钱学森一同来到人民大会堂江苏厅，孙家栋的心情无比振奋也非常激动。他们匆匆忙忙刚把卫星初样摆放好，周恩来、李先念、余秋里等中央领导和参加会议的有关部委负责人就来到了会议大厅。

这时，当孙家栋近距离看到周恩来总理时，只是感到鼻子一阵阵的有些发酸。周恩来总理日理万机，夜以继日，鞠躬尽瘁，为国家，为人民简直是操尽了精力，周总理脸上出现了很多黑斑，布满血丝的眼睛凹下后显得脸庞瘦削、疲惫，与几年前见到的样了相比竟是消瘦、苍老了那么多。

孙家栋想起1962年周恩来总理在人民大会堂宴请招待科学技术界知识分子时的情节。当时正值自然灾害困难时期，周恩来总理非常体谅这些年轻知识分子的身体状况，特意上了一道“红烧肉”，一寸见方的肉块人人有份儿，当时年仅30岁出头的孙家栋也是许久没有遇到这样的口福了。要知道，当时在中国的那个饥饿年代，毛泽东，拒绝吃肉；周恩来，停掉了茶；邓小平，戒掉了烟……

周恩来步入会议大厅后迎着大家的目光匆匆来到会议桌旁，向站立鼓掌的众人举起双臂招手让大家坐下后自己才坐了下来。

钱学森首先将孙家栋介绍给了周恩来。周恩来亲切地拉着孙家栋的手向他询问了一些简单情况，继而高兴地说："这么年轻的小伙子就是卫星专家，这很好嘛，今年多大年龄？"

孙家栋有些羞怯地回答说："今年40岁。"

周恩来风趣地说道："哦，还是小伙子嘛，学森同志的年轻弟子蛮多的嘛！"

本来浑身紧绷、大脑高度紧张的孙家栋，顿时被总理几句风趣的朗朗笑语给调整松弛下来。

当周恩来和其他领导人看过卫星初样后，周恩来说："学森同志，是不是你先谈？"

钱学森点点头说："好。"于是，将"东方红一号"卫星的研制和"长征一号"运载火箭以及目前发射准备的总体情况做了全面汇报。

接着，由孙家栋对卫星的初样进行讲解和说明，对主要技术参数和研制中的重要情况做了具体汇报。

周恩来对钱学森和孙家栋的汇报听得很认真，还不时提出一些问题，尤其是对卫星上的每一个环节的质量和质量保障措施问得很详细。

当孙家栋汇报结束时，周恩来总理突然像考场里的考官那样对孙家栋问道："卫星上总共有多少根电缆呀？"

孙家栋如数做了回答。

周恩来总理又问："卫星上总共有多少个插头呢？"

这下可难住了孙家栋，他一时有些语塞。要知道卫星上有许多分系统，系统与系统之间、卫星与地面测试设备之间、卫星与火箭之间，有电源连接插头，有无线电信号插头，还有机械配合插头，只顾了总体把关和严格要求各分系统完成指标，却没有将全部插头进行准确的统计……

孙家栋红着脸有些不好意思地说："总理，我回去认真统计好后向您汇报。"

周恩来笑了笑和蔼地说道："这些数字对我来说是没有什么用处的，但对你们来说应该是重要的。你们搞卫星工作首先要仔细认真，应该像外科医生那样对病人的每一条神经、每一根血管都很熟悉一样，才能保证卫星的万无一失。"

其实，孙家栋在得到他将参加汇报的通知后，大脑就有一个拿不准的考虑，不知道该不该向总理提出卫星许多仪器上镶嵌的毛泽东金属像章对卫星部件的影响，如何处理尊重科学与突出政治的矛盾，会前准备的方案是否能将问题汇报清楚，怎样才能既解决问题，还又不至于使领导为难。

那个时期正是"文化大革命"对个人崇拜的鼎盛期间，在街上走一圈都会随处看到满身挂着毛泽东像章的人，在那个历史年代人们出于对领袖的崇拜是可以理解的，但感情与科学若产生了冲突是不可调和的。各系统的卫星仪器做出来后，设备成套安装时在卫星仪器上又很认真地镶嵌一个毛主席像章，有的像章还很大，体现把像章做得越大越漂亮就越能显示出对毛主席的热爱程度。岂不知加上去的这些像章会给仪器带来很多问题，首先就是比原来定的总体重量超了许多，比如某件仪器的额定设计重量是3公斤，但往卫星上安装时却成了3.5公斤，这个系统人员会明确地告诉总体人员这超重的0.5公斤是毛主席像章。在那种历史情况下是没人敢站出来讲这0.5公斤增加得不对的，但那么多仪器综合在一起，将会使火箭的运载余量减小，必然会降低火箭的可靠性。另外，每台仪器都有自己特定的散热条件，仪器所涂的颜色不同，结构材料的厚度不同，散热的情况也不同，增加了毛主席像章有可能带来许多没有意识到的技术问题。但如果肯定地说在仪器上加个毛主席像章就会把仪器弄坏，从技术角度来讲还没有经过充分论证，也没有完整的计算和试验数据加以说明，所以谁也不敢贸然说话，有可能因为多了这句话，就将什么政治帽子招致到自己的头上。一边是政治崇拜，一边是卫星的质量保障，虽然大家对这件事情的本质是心知肚明的，可搞技术的人心里再明白也没人敢说，就是心照不宣也不敢吱声也没有胆量去肇事。在卫星即将出厂前要召开汇报会向总理汇报卫星质量情况，钱学森带领孙家栋一行前去参加。孙家栋头一天想了一晚上都没睡好觉，这件事情到底应该怎么办？到底要不要在会上坦诚报告？因为事关重大，这个会上不说将会错失良机，况且这也是总理非常关心的质量隐患呀。

此时，孙家栋感觉到这件事情如果再不汇报就没有机会了。

于是，孙家栋很郑重地说："从政治感情上来说，大家出于对毛主席的热爱，在卫星仪器上装了毛主席像章，是完全可以理解的。但是从技术角度讲，一是重量超限，二是卫星上天后将会对质量产生影响。"

孙家栋简单明了地提出了毛主席像章问题后，马上引起了周恩来总理的重视，总理当时并没有正面叙说这件事情的对与错。总理说："大家对毛主席热爱是对的，但是大家看看我们人民大会堂这个政治上这么严肃的地方，也不是什么地方都要挂满毛主席的像，有的地方是写了主席的字，但是放在什么地方都是非常严肃的，得认真考虑什么地方能挂什么，你看咱们这个会议室并没有挂毛主席的像嘛，政治挂帅的目的是要把工作做好，而不是要把政治挂帅庸俗化，搞卫星一定要讲科学，要有科学态度。你们回去以后好好考虑一下，只要把道理给群众讲清楚，我想就不会有什么问题嘛。"

周恩来一字一句、句句在理的话语，不仅使孙家栋心中豁然开朗，而且使在座各位悬在心里的一块沉重的石头落地了。会后传达了周恩来总理的原话，大家马上按总理说的做了安排，这件棘手的难题就这样得到了解决。

1970年2月初，"东方红一号"卫星成功地通过了整星状态下的自旋试验，火箭和卫星的质量按照要求全部合格，完成了在制造厂出厂前的各项准备工作。

3月26日，周恩来批准火箭、卫星正式出厂，技术人员接到通知，将火箭、卫星装上了前往西北发射场的专列火车。4月1

日，“长征一号”运载火箭和“东方红一号”卫星在“文化大革命”的一片喧闹声中，还是如期运抵酒泉卫星发射中心。

钱学森随同专列一起前往，但孙家栋没有一起去发射场。当时的“文化大革命”混乱一时，孙家栋担任着领导职务，造反派又借着孙家栋的爷爷是富农出身而大做文章，由此在政治上受到一定的冲击，他不得不在许多方面“靠边站”。另外，北京确实也需要有专家与发射场配合。孙家栋心里想：我是一个科学工作者，卫星发射的成败涉及国家的利益，事关在国际上的影响，我只要做到对得起国家、对得起党、对得起人民，群众终究是会理解的，和卫星相比，我个人的事情实在是微不足道。我要从主观上尽我本人的力量想办法多做一些工作，即便由于“革命群众”的原因在客观上开展不了工作，我也要做到问心无愧。

说起孙家栋的富农爷爷，在他的一生中让他起码受过5次影响。第一次是由学生踏入中国人民解放军队伍变为一名空军，第二次是被选入苏联茹科夫斯基空军工程学院学习，第三次是加入中国共产党的行列，第四次是从苏联回来参加高度机密的导弹研制，第五次便是“文化大革命”。这五关都是孙家栋人生关键的转折点，在中国当时的特定环境下，能够通过层层政治审查的确是一件不容易的事情，但孙家栋却做到了中国古时说的那个过五关的英雄。孙家栋虽在那个时代，但他毕竟是新中国的科学家，他在每个时期的优异业绩都得到了一致认可而过关。

回忆起这段过关的情形时，孙家栋感慨地说：

> 这5次我基本上都是顺利地过了关，要说有什么好办法？其实也没有。要说靠什么？其实靠的主要是自己一贯勤勤恳恳、任劳任怨的工作表现和工作成绩。运动中群众以我的家庭出身提出这样那样的问题，说我是臭鸡蛋也好、说我是走“白专道路”的典型也罢，我都没有太往心里去，并且说实在的我还真的从来没有抱怨过家里，因为那是历史，是不容我选择的历史嘛。要真的认真起来，其实我还真是没有与我爷爷在一起生活过，要说我的父亲，他也只是一个教师。

1970年4月14日，卫星测试的各项工作已经基本就绪，周恩来总理和中央专委领导要求再次听取发射场人员对火箭、卫星情况的汇报。当日午后，钱学森、李福泽、任新民、杨国宇、杨南生、戚发轫等领导和专家又登上了前往北京的军用专机。孙家栋虽然没有在发射场，但要求他也一同参加汇报会。

已经有一段时间没有参加这种汇报会了，孙家栋随大家来到人民大会堂福建厅后，见国防科委和七机部的有关领导都已经到了。孙家栋发现与会者个个表情严肃，数日未见，孙家栋与他们交换了一下眼神，在靠边位置找了个空座坐下。不一会儿，李先念、余秋里、李德生等中央领导人陆续进入会议厅。

傍晚7点整，周恩来迈着大家熟悉的稳健脚步走了进来，一到会议厅便热情地向大家挥手致意，参加会议的所有人员激动地使劲鼓掌。这时，周总理招手点着前排的位置说：“后面坐的同志请到前面，到前面来坐。”

总理看到后面的人不好意思过来，他环视了一圈又亲切地招呼大家说：“过来，过来，到前面来。”

孙家栋再次近距离看着周恩来总理，看到总理微突的颧骨使眼睛显得更大，看到浓浓的眉毛添了寿眉加了白眉，看到他脸上的老年斑更加明显……

这时，周恩来拿起来自发射场的人员名单，边点名边与本人对号，亲切地问多大年龄？是在哪个大学毕业的？是什么地方的人？当问到有些从苏联毕业回来的人时，总理幽默地说：“俄文忘没忘呀？一定不能忘，多掌握一门知识是有用的。”

1970年4月，在卫星发射现场召开的“东方红一号”卫星发射动员誓师大会会场

会议按照事先的议程进行。钱学森按照事先准备的材料一五一十地汇报火箭和卫星进入发射场后的情况。钱学森说："发射卫星的火箭是一枚大型三级火箭，其复杂程度较之人体的五脏六腑、血脉经络有过之而无不及。"这时他以内疚的心情谈道："总装时，尽管大家做了反复的检查，但在总检查时还是发现了火箭舱内有遗留下的焊渣和钳子等多余物。"

周恩来的眉头紧锁了一下，立即插话说："这可不行！这等于外科医生开刀把刀子、钳子丢在了病人的肚子里嘛！你们的产品是允许搬来搬去，允许拆开、再组装，找一遍不行再找一遍，总可以搞干净嘛！无非是晚两天出厂。把焊渣和钳子丢在火箭里头，这是不能原谅的！"

总理的批评很严厉，但切中的要害又令大家服气，大家是打心眼里感到内疚，感到确实不能原谅。

接下来，各系统的负责人做了更为具体的汇报。当一些图纸、原理表格铺在总理面前的地毯上时，总理手中拿着铅笔和一个蓝色的小笔记本半跪在地毯前，一边仔细听汇报、一边在本上记着，还一边提出一些问题。

在汇报中，遇到专业技术术语听不明白的地方，总理就请钱学森来做通俗的"翻译"。

总理对提出每个问题的解答都一一谈了自己的看法。

在汇报到安全方案时，总理认真地看着地图上标着的卫星发射后的理论飞行轨迹，又提出了一些类似问题，比如：火箭发生什么故障必须按照安全预案处置？安全预案实施后会产生多大的影响？同时要求对有可能出现的各种情况，都要在目前所掌握的能力范围内多动脑筋，把问题尽可能地想周到。

为了鼓舞大家的信心，总理说：“那就这样吧，同志们大胆地去干吧，搞科学试验嘛，成功和失败的可能性都存在，你们大家要尽量把工作做细、做好，万一失败了也没有什么，继续努力就是了。失败是成功之母嘛！”

会议中，周恩来在听到“文化大革命”的派性矛盾时，点到了孙家栋旁边的戚发轫问道：

“你们那儿闹派性吗？”

说着又指了指孙家栋问道：“你俩是一派的吗？”

戚发轫说：“不是。”

周恩来又问：“那你俩打派仗吗？”

这时与他们一起来开会的领导赶忙代替说：“总理，他俩的工作能搞在一起。”

周恩来这时说：“好！不闹派性就好！”

孙家栋与戚发轫在从事卫星研制工作之前就一起在导弹总体设计部的同一个单位，虽说“文化大革命”那些无中生有的干扰也蔓延和渗透到了导弹总体设计部，但祖国卫星研制大业像纽带一样把两人报效祖国的共同理想紧紧地联系在一起。当年他们在导弹研制、设计、试验中相互支持、相互鼓励、相互默契配合的那股劲此时又一次体现出来。当然，在后来祖国航天发展征程中，孙家栋担任空间技术研究院院长，戚发轫曾经担任过副院长，孙家栋担任航天工业部总工程师、副部长，戚发轫曾担任过院长、大型航天工程总设计师。在以后的日子里，他们既在同一个卫星工程内任过职，也分别担任过不同大型航天工程的总设计师。

15日凌晨1时许，周恩来办公室打来电话，传达周恩来的指示："从今天起一直到卫星上天，发射场的情况要逐日向周恩来办公室电话汇报。"

1970年4月24日下午3点50分，钱学森在酒泉卫星发射场接到周恩来总理从北京打来的电话。周恩来在电话中说："毛主席已经批准了这次发射。希望大家鼓足干劲，细致地工作。要一次成功，为祖国争光！"

4月24日，位于中国西北部的酒泉卫星发射中心蔚蓝的天空万里无云，随着发射警报从高音喇叭里一次次响起，发射场坪的人员按照发射程序逐步撤离，太阳已经落下，傍晚的天色已经黑暗，但发射场四周的照明灯将发射场照得如同白昼，最后一次急促的撤离警报声拉响后，发射场坪已经空无一人，地下控制室的潜望镜伸向地面，人们屏气呼吸等待火箭点火的最后一刹那……

21时35分，高音喇叭里传出指挥员那洪亮的"点火"口令，地下控制室发射控制台前的胡世祥（日后升任为解放军总装备部中将副部长）按下火箭"点火"按钮，瞬间，载有"东方红一号"卫星的运载火箭的发动机喷射烈焰，火箭伴随着轰鸣声腾空而起刺向天空。

控制室监测仪器灯光闪烁，仪器的"嗒嗒""嗒嗒"声不断显示着飞行正常的数据。

仅仅几分钟时间，火箭按预定轨迹飞出了人们的视线，但人们的目光仍然停留在火箭消失的地方不肯收回……

15分钟后高音喇叭里传出测控系统报告“星箭分离”、“卫星入轨”的消息。

“东方红一号”卫星发射成功了！

《东方红》乐曲环绕太空、响彻全球！

大家欢欣跳跃，相互拥抱祝贺，泪水和汗水交织在了一起。

孙家栋的工作得到了各级领导的充分肯定，钱学森曾满意地对大家说：“看来。把孙家栋找来还是对的，他确实敢干事，他也的确会干事。”

这是中国自行研制的“长征一号”三级运载火箭发射成功的第一颗自行设计制造的人造卫星。卫星初始运行轨道距离地球表面最近点（技术术语称之为近地点）高度439公里，距离地球表面最远点（技术术语称之为远地点）高度2384公里，轨

“东方红一号”成功发射后欢腾的民众

道平面与地球赤道夹角（技术术语称之为轨道倾角）68.5度。卫星外形为近似球面直径1米的72面体，卫星重量173公斤，用20.009兆赫的无线电频率播放《东方红》乐曲。这是我国继苏联、美国、法国和日本之后，成为世界上第五个能够独立研制和发射人造地球卫星的国家。

在当时国际航天舞台上，1957年10月4日，苏联成功地发射了世界上第一颗人造地球卫星“伴侣一号”，它的外形像一个大皮球，外径0.58米，重83.6公斤，它的构造比较简单，由两个铝合金半球壳对接而成，壳外有四根鞭状天线。

1958月1日美国发射了第一颗人造地球卫星“探险者一号”，卫星重8.22公斤，携带了很多仪器，它首次发现了地球辐射带。

1965年11月26日法国发射了第一颗“试验卫星一号”，它是一个双截头锥体，重42公斤。

1970年2月11日日本发射了第一颗“大隅号”卫星，外形呈球形，直径0.45米，重量只有9.4公斤，这颗卫星的发射比中国的第一颗卫星仅早两个多月。

中国发射的这颗卫星的质量，比上述四个国家第一颗卫星的质量总和还要多，其跟踪手段、信号传递方式、星上温度控制系统也都超过上述四个国家第一颗卫星的水平。

中国第一颗人造地球卫星的发射成功，在国际上引起了强烈反应，各国报纸纷纷发表评论指出：

中国第一颗人造卫星的发射成功，表明中国科学技术突飞猛进达到了新的高度，已经当之无愧地加入了国际空间俱乐部……

中国已经拥有了原子弹和氢弹。必须把这次卫星发射的成功看作是宣布能够把洲际导弹发射到地球上任何地方的公告……

中国第一颗人造卫星发射之神速，完全超过了西方专家的预料……

然而，成功之际方能体会到获得成功过程中所经历的艰辛。孙家栋接手中国第一颗“东方红一号”卫星，在确定总体设计指标时，矛盾接踵而至。体积要求、重量要求、功能要求、匹配要求，一个接一个的要求出现在孙家栋面前。比如功率消耗的分配与限制，首先对各系统提出了具体限制要求，要求各系统在设计分配指标时将功率消耗控制在所限定的要求内，各分系统、子系统必须层层照章办理。而各系统为了给本系统留有余地，都想方设法尽量多申请一点指标。“东方红一号”卫星上使用的是化学电池，从总体出发难以平衡和满足各系统的初始功率消耗要求。当某些系统申请到了比较大的功率指标后，严格要求自己的分系统加以控制，不得突破，经过研制人员的“精雕细琢”，有些系统在实际研制中却又没有用那么大的功率，这些功率消耗不掉反过来又给整星的温度控制系统带来不必要的新问题。比如当时卫星上的应答机已经申请到了10瓦的热耗指标，可是设备研制出来验收交付时的实际功率却只有8瓦。此时，整星的热控计算早已完成，按照卫星的研制进度热平衡也都已经安排完毕，如果这里少2瓦，那里少1瓦……卫星的整星温度就会变低，卫星的整体温度水平就会受影响。当时各系统的设备都已经做出来，再改动已经来不及了，由于进度要求非常紧迫，任何细小的改动都可能牵一发而动全局，这个看似小的问题竟然突出了起来。当这对矛盾反映到技术总负责人孙家栋那里时，孙家栋也感到很头疼，但他经过认真思考，却用逆向思维方法提出了一个解决方案：为了不影响卫星的整体热平衡，哪个系统出现了余量就在哪个系统串联一个功耗电阻，富余多少就串联多少，把富余的功率由电阻消耗掉。这样，既不影响设备的工作状态，又可以维持卫星整体的温度水平保持原设计的平衡状态，问题就这样得到了解决。后来的卫星出现了重量富余后，由于动平衡试验已经完成，也采用这种办法，在重量不够的仪器设备处加配重来解决，这不能不说也是一个

劳累也掩饰不住攻克难关的喜悦

发明。

孙家栋的信念就是要绞尽脑汁把可能出现的问题考虑足，要想尽一切办法把有可能出问题的现象都一个一个排除做到心中有数。没有在发射现场的孙家栋坚守在北京卫星总体设计部设立的临时卫星接收站，他及时将汇集来的信息进行比对，验证卫星信息的可靠性。

此时，卫星成功了！卫星真的成功了！

他抑制着自己发自内心的无比喜悦心情，眼里涌满了激动的泪水。

他也想欢呼、想跳跃，但他悬空多日、高度紧张的大脑一经放松，顿时感到浑身疲惫无力，他坐在椅子上伸直双腿将头靠在椅背上，任凭眼泪涌流。

由于是第一次搞卫星，所有参与研制的人全部都是第一次，每个环节会出现什么问题完全都没有经验可依，经常是完成了前一项工作马上就不由自主地想到后面将会出现什么事情。当然，那时候技术基础比较薄弱，最为担心的还是卫星的稳定性，特别害怕卫星上有什么仪器状态不稳定，牵一发而动全局，就是一个微小的问题也会导致全盘失败，脑子所想的全部是这方面的事情。

一直到现在，都已经是应用卫星时代了，卫星在天上的工作寿命都已经达到5年、8年、10多年了，搞航天还总有个习惯，总担心卫星会突然出问题，时刻想着得在地面想办法把上天前能够想到的问题统统在地面解决。现在第一线同志平常老讲一句话，卫星发射上天以后是“天不怕、地不怕，就怕指挥所来电话”。指挥所来电话干什么？好事不找你，发现天上有点小毛病，半夜打电话告诉你出了毛病，你就必须立即赶到现场组织相关人员研究、解决。

35年前，中国以“东方红一号”卫星为起点，迈出了征服太空的第一步，35年后的今天，中国航天成就令世人瞩目，放眼未来，中国航天人必将创造新的辉煌。

第五章

“停止发射”“再调5度”

实践卫星

中国第一颗卫星发射成功后！孙家栋不负众望，他将挑起更重的担子。

早在1965年前后，科学院及有关单位就对研制卫星开展了许多预先研究。比如电源系统中太阳能电池片，镉镍电池的可靠组合，主动无源热控系统中百叶窗机构在真空状态下轴与轴承间的真空冷焊等关键技术。

如何将科研成果运用于工程应用，是孙家栋思考比较多的问题。1970年5月，孙家栋主持制定了中国第二颗人造卫星“实践一号”，卫星总体技术方案设计充分继承了“东方红一号”卫星的技术和经验，充分应用了已有预研成果的新技术、新工艺和新设备，同时简化了卫星研制程序。

1971年1月19日，“实践一号”卫星和“长征一号”运载火箭由北京运到酒泉卫星发射中心。1月19日是农历腊月二十三，距离中国农历新年只有一周时间，但航天人心中对事业的热情远远超越了对传统节日的关注。参加试验的技术人员如同对待上战场一般，纷纷写决心书、保证书，放弃与家人过团圆年而请求去几千里之外天寒地冻的塞外戈壁。

卫星从北京运抵酒泉卫星发射中心后，发射中心和航天试验队的技术人员按测试计划对卫星和火箭展开了测试。测试设备刚刚准备就绪大家就迎来了一年一度的新春佳节，参加发射任务的人员仅仅在大年初一热热闹闹地吃了一顿饺子就又回到了火箭、卫星的旁边。当火箭按照正常程序进行模拟飞行试验时，运载火箭控制系统计算装置的关机指令出现了异常，大家通力合作迅速查明是由于程序配电器转动产生的电火花造成的。另外，连接陀螺加速度表的工艺电缆过长也是其中的隐患。孙家栋参加了故障分析总结会，会后他召集有关人员开会，要求对火箭的故障在卫星的各个系统举一反三查找隐患，要按照要求彻底消灭不安全因素，确保卫星发射成功。

之后，孙家栋组织相关人员对卫星与火箭进行了11个状态的发射机与应答机的无线电干扰试验，不仅掌握了无线电设备之间的相互干扰因素，而且摸清了干扰程度，为电子仪器的设计和改进提供了宝贵的经验。在此基础上，为了确保卫星发射

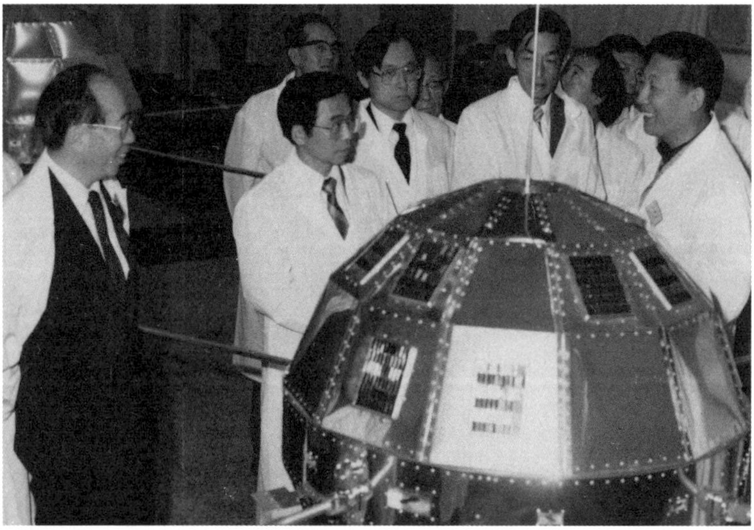

孙家栋在“实践一号”卫星测试现场

时跟踪测量的准确性，渭南测控中心又组织进行了卫星、火箭与地面测控设备的匹配模拟飞行试验，还用飞机装载上火箭和卫星的遥测、外测设备与地面设备进行校正飞行。

1971年3月3日，关内已是初春季节，但位于西北大漠的酒泉卫星发射场依然寒风凛冽，一望无际的戈壁滩被阵阵寒风泛起黄色的沙尘。傍晚时分，天边的太阳缓缓落山，唯有发射场上人们在紧张有序地进行卫星发射的最后准备。20时整，发射场坪已空无一人，雄伟的火箭矗立在发射台上待命升空。这时，发射场的高音喇叭里传来地下控制室调度指挥员的口令：“一分钟准备！”

20时03分，随着“点火！”口令的下达，“实践一号”卫星腾空而起!

20时12分，测控系统报告卫星准确入轨的消息，“实践一号”卫星进入近地点266公里，远地点1826公里的预定椭圆轨道，卫星倾角69.9度，周期106分钟，完全符合预定指标。

然而，天有不测风云，卫星正常运行后，设立在全国各地的测量台站竟然都接收不到卫星上发送的遥测信号，入轨后的卫星成为无法向地面发送信号的哑巴星。这一情况令孙家栋焦急万分，他带领同事们立即分析原因，期望尽快找到故障所在。

3月4日晚7时，孙家栋带领几位同志驱车来到北京京西宾馆，参加国防科委主持召开的紧急会议，专题研究讨论“实践一号”卫星出现的问题和解决方案。经过分析，初步认为故障原因是末级火箭与卫星没有实现成功分离，遥测天线不能正常伸张，致使遥测信号不能正常发送。“实践一号”卫星在浩瀚的太空中漫游，地面人员却不知道它的具体位置和工作状况，几天时间里，卫星曾经几十次飞过中国上空，但因为接收不到卫星上的遥测信号，只能心中默默祈祷静静等待卫星信号的出现。

3月11日，奇迹出现了，正当地面人员仔细捕获监听时，突然在嘈杂的无线电信号中出现了一个大家亲切熟悉的信号，并且信号越来越强，越来越趋于正常。经过判断，这信号果然就是几天来大家期盼等待的“实践一号”卫星的长期和短期遥测信号。

3月20日，天文台观测到卫星与运载火箭三子级分离的确切情况。

至此，“实践一号”卫星投入了正常运行。

卫星发射成功了，但在卫星研制过程中有件趣事，却对卫星的正常使用起着决定性的作用。“实践一号”卫星继承了“东方红一号”卫星外形方案，也采用72面的棱球体，不同的是，当你稍加注意会发现卫星球体表面除了28块太阳能电池外，怎么还多出了两个亮闪闪的“耳朵”？

原来，这也是孙家栋解决技术难题的又一个绝招。按照研制阶段卫星在模拟太阳光照射卫星北极进行热真空试验时发现，附舱Ⅰ的温度比计算结果低了15℃，仅为−25℃～23.5℃。附舱Ⅰ的遥测设备如果长期在这个温度范围将会影响正常工作。但这时，按照发射的总体进度已经来不及对整星的热控设计进行更改。有人提出是不是可以采用孙家栋“东方红一号”卫星时的串联电阻方式来解决？而太阳能电池的总供电功率也仅有不到10瓦，况且已经被各系统分配无余，显然是不可能的。如果不解决这个问题，整个发射计划都有可能被拖后腿。

这又是一个关键时刻。孙家栋逆向思维的总体技巧又派上了用场，他眉头一皱，计上心来。孙家栋提出设法把太阳的热量多吸收一点进入卫星，可以在卫星的外壳体上的适当角度安装两片镀金板。因为在诸多金属材料中，黄金具有吸收热量多、挥发热量少的特性，这两片“耳朵”便可以将太阳的热量吸收进入卫星内部，使卫星舱内的温度变化范围控制在设计要求之内。

“实践一号”卫星发射后，多年前的多项预研成果得到了验证和成功应用，使用太阳能电池与镉镍电池联合供电系统，突破了卫星长期供电的技术，为后续应用卫星长期供电奠定了良好的基础，成功实现了百叶窗机构的主动无源热控系统和低功耗的小型遥测系统。探测了空间磁场和空间带电粒子的空间分布，获得了我国地区上空及其附近区域内辐射带下边缘区域的位置和特征。

“实践一号”卫星是中国第一颗长寿命卫星。原计划在轨道工作1年，但实际上工作长达8年。大大超过了设计指标。这项成果在国内和国际曾引起了广泛注意，为我国研制长寿命卫星奠定了基础。

孙家栋向王震介绍“实践一号”卫星情况

遥感卫星

孙家栋经常说，我能够主持卫星总体设计工作，得益于中国航天事业的稳步发展。是中国航天事业的发展为自己提供了“平台”，是中国航天事业的发展成就了自己。

1965年4月29日，当时的国防科委根据中国航天技术的总体规划进展，向中央专委提交研制和发射我国人造卫星的情况报告中，已经将返回式遥感卫星列入航天技术10年奋斗目标。中央第十三次专委会明确指出：“我国发展人造卫星以应用卫星为主，应用卫星以返回式遥感卫星为主。”在这一决策下，加速了返回式遥感卫星的发展。

在那个年代的国际航天领域，对航天技术的保密程度比现在不知道要神秘多少倍。当时的中国也不可能与国外开展技术合作。中国开展返回式遥感卫星研制，一无资料，二无经验，难度之大可想而知。

在当时，除了要完成卫星本身的研制，在研制中还要与星上有效载荷的研制同步进行。星上相关技术的攻克情况，比如全景扫描相机光学设备、胶片的厚薄及质量水平等，所出现的问题会直接涉及卫星方案，常常会牵一发而动全局，不仅大的方案，就是很多具体细节都需要孙家栋随时进行全面考虑，综合协调。

1974年11月5日11时，在一望无垠的茫茫戈壁上，完成星箭对接的运载火箭矗立在发射台上，整装待发的第一颗返回式遥感卫星完成了各项检测。天空晴朗，万里无云，乳白色的运载火箭更加醒目。发射场按程序完成了推进剂加注、功能测试、升空前的综合检查……

这时，调度指挥的扬声器里传出洪亮的口令：

“控制转内电！”

“遥测转内电！”

“外测转内电！”

这个紧张关头已经是卫星发射进入倒计时1分钟准备的紧张时刻，发射调度指挥员已经果断地下达了“电缆摆杆摆开”的口令。

随着口令的下达，各系统的地面电缆与火箭、卫星连接的电信号插接件、气源连接器纷纷按程序依次脱落下来，它们连同发射塔架电缆摆杆那长长的臂膀一起摆向火箭的背后，火箭托举着卫星在刹那间就要点火起飞……

然而，这时的卫星却没有收到成功转内电的信号，发射指挥台上的倒计时指示计上的时间正在一秒钟、一秒钟地递减，所有人员都屏住呼吸在静等那火箭点火的轰鸣声，整个指挥控制室、整个发射场都异常安静。这时，离火箭点火的时间只剩下几十秒钟。

卫星没有按照设定的程序转入卫星内部自供电，即专业术语的“内供电”状态，这一突然现象意味着在不到一分钟内火箭点火，运载火箭将会带着不能正常供电的卫星起飞升空。若是那样，送入太空的将会是一个重达2吨重的毫无用途的铁疙瘩。

就在这安静的千钧一发时刻，听到了孙家栋的一声大喊，他不顾一切地果断命令“停止发射！”

如果按照正常程序逐级上报，等待指挥员发布“停止发射程序”的命令已经根本不可能了。这时，发射程序终止了，可孙家栋却由于神经高度紧张而昏厥了过去。

发布“停止发射程序”的命令需要一级一级申报批准，按正常情况绝不该由孙家栋发布。如果孙家栋没有很高的威望，指挥员是不会执行他的命令的。

要知道，在这紧急关头果断处置需要何等的胆识！将需要承担多么巨大的风险！在那个年代，还不仅仅是技术风险，更可怕的是那无法承担的政治风险。孙家栋如果不把个人的一切私心杂念置之度外，怎能有如此的气魄！

然而，可供卫星发射的时间段仅为11点至15点30分，这个时间段称之为卫星“发射窗口”。此时的火箭早已是加满了燃料，加满燃料的火箭对停放时间是有严格要求的，将会引发的其他相关连锁问题还有很多，已经来不及一项一项罗列分析。

在发射指挥控制室里的人员都是指挥人员，操作人员随着工作的完成已经分批撤离到距离发射台十几公里外的观测点。当时现场紧急决定安装一个电容器，这需要召回卫星电路设计人员和组装人员。那个时候还没有发达的移动电话之类的通信工具，当时采用了最原始的高音喇叭从发射场把有关人员呼喊了回来。操作人员回来后如何完成电容的安装仍然是一大难题，因为脱落插头的盖子是一次性使用闭锁的。首先是打不开，其次是即便打开担心闭不上。最后决定只能采取撬开返回舱头部稳定裙的壁板来安装。这个壁板是12块用化学胶脂粘合上的既具有一定强度，又可以减少阻力的波纹板和平面板，撬开稳定裙的壁板后可以伸进去手拨开脱落插头盖子的闭锁弹簧，打开插头盖。时间一分一秒地过去，操作人员排除了种种连锁问题，终于完成了各项准备，重新将插头插好，卫星和火箭又重新进入发射程序，各系统也恢复到了发射前1小时准备状态。发射场的人员依次撤离，指挥人员重新在地下指挥控制室就位。

15时30分，“各系统转内电”的口令再次发出，随着“点火”口令的下达，火箭在震耳欲聋的呼啸声中离开了发射台……

天有不测风云，没曾想到运载火箭在点火飞行20秒钟后出现了失控现象。由于火箭故障，迫使发射场安全控制指挥员不得不按照发射故障处置预案，对火箭实施了安全自毁指令。顿时，卫星连同火箭在一声巨响声中随着爆裂的火焰炸成碎片，散落在离发射台不远的地面。

几年来的心血瞬间化为灰烬，孙家栋和他的技术人员们为之操劳了上千个日日夜夜的成果，还没来得及亮相便永久性地消失了。大家悲痛交加，有的忍不住痛哭流涕，只有亲身经历了磨难的人才能体会到内心的艰辛。但又必须面对现实，孙家栋坚定地说：虽然事故是由于火箭的故障造成的，但也要从火箭的故障中找出共性的东西，以此总结经验教训，引以为戒，狠抓卫星质量。

几十年过后，每当大家提起这次事故，孙家栋在惋惜之余还总是情不自禁地流露出内心的难过。每当说到那次失败，孙家栋仍然记忆犹新地说：

1974年11月5日的那次发射，造成了非常严重的损失，给大家带来终生难忘的教训。后来把原因彻底查出来后，发现却是由一个非常简单的小问题引发的：失败缘于火箭里的一根导线。这根导线里头的铜丝质量不好，可外层胶皮是完好无损的。当火箭发射时的剧烈震动那么一震，铜丝恰巧就断开了。当时火箭爆炸的现场，那真是一片火海！从发射场的一角望去，火箭残骸燃烧的火焰把整个半边天都映成了红色。那个惨相，真真令人痛心。虽然过去航天严格强调必须保证质量第一，要求对每一个螺丝钉也必须绝对认真严格地对待，但终究是没有经验，大家从来没有过这方面的失败体会。当时，能把问题的原因找出来也不是那么简单的事情。那么大的一片沙漠里，大家基本上把那块沙地给翻了一尺多深，然后拿筛子把任何一个小块的东西都给筛了出来。炸得再碎也都得挑出来，之后让大家来认领自己的东西。这一块小铜片是我这个仪器上的，那个螺钉是你那台仪器上的。大家都分门别类，对照残骸一一认真检查。轮到对一根导线进行排查，当拿起这根导线用光一照时，发现完整的外皮里面的导线却是断的！但是，只找着这个还不算是充分的证据，还要弄明白这根导线是哪个系统上的？是什么设备上的？这根导线是在什么时间断的？断了之后会出现什么样的现象？要做充分的理论分析，再到试验室进行模拟试验。一定要将试验结果与火箭事故情况完全一样，才能证明这个东西与故障的实际关系。

火箭和卫星研制人员没有被失败吓倒，孙家栋鼓励大家不要灰心、不能丧气。一年后，一枚新运载火箭和一颗新的卫星完成了各项检测程序，又雄伟地矗立在了发射台上。

1975年11月26日，随着发射指挥员“牵动”、“开拍”、“点火”的口令，“长征二号”运载火箭携带着返回式遥感卫星离开地面、冲出大气层、飞向太空……

“火箭飞行正常！”

“遥测设备捕获目标！”

“遥测跟踪正常！”

“外测跟踪正常！”

“卫星飞行正常！”

“星箭分离正常！”

“卫星准确入轨！”

在卫星航区跟踪测量站一声接一声的报告口令中，调度中传来了喜讯，返回式遥感卫星发射成功了。

这颗卫星按计划在太空运行3天、完成对地球的遥感探测任务后按预定方案返回了地球，在中国四川省中部成功地实施了回收，获得了大范围的遥感探测资料。

托举着返回式卫星的火箭在酒泉卫星发射中心点火起飞

1975年对于中国的卫星发射来讲，是个好兆头，这一年中就成功发射了三颗卫星。孙家栋回忆起当时的情景，仍然抑制不住成功后内心的喜悦，说："大家用辛勤汗水换来的卫星成功发射，我们个个都很兴奋，首先操心的是卫星能不能成功发射？入轨后又担心卫星能不能正常工作？现在又在为卫星能不能正常回来而紧张。"当卫星从九霄云外转够了圈，顺从地按地面发出的指令返回到地球的预定位置时，大家的高兴劲儿就没法形容了。记得从卫星回收现场传回来消息说，人们眼看着卫星拖着色彩醒目的巨大降落伞落到了农田里时，回收人员才发现对这个天外回来的宝贝疙瘩毫无办法回收，原来是设计卫星时没有设计挂钩，所以干瞪眼也没有办法把这个硕大的圆疙瘩从稻田中弄出来。正在一筹莫展的时候，坐在山坡上看热闹的一个老大爷出了个奇招，用两根长木头杠子把卫星夹住，众人像抬轿子一样，硬是用人工把卫星抬到了汽车上。

那个时候大家只有一个心思，就是千方百计要把卫星搞出来，孙家栋说：“当时参加卫星研制的有我的学长、师长，有熟悉掌握第一线生产制造的老师傅，还有大批默默无闻工作在卫星旁边，到现在都很少出头露面甚至没有露过面的无名英雄，我仅仅是这些人中很平常的一个，如果没有大家的共同努力，依靠几个人是根本不可能完成这种大型任务的。”

这次卫星顺利返回，孙家栋深深体会到，发射入轨不容易，卫星返回更艰难。

研制发射返回式卫星所拥有的技术，在当时堪称是世界最为复杂和尖端的技术之一。美国和苏联的返回式卫星都有过多次失败后才获得成功回收的经历。美国1959年开始了“发现者”返回式卫星的研制工作，历经38次飞行试验，历经12次回收—失败—改进—再回收，最终才获得成功。苏联的航天器返回技术是出于载人航天为目的的，所进行的试验次数更多。而中国的返回式遥感卫星首次飞行试验即获一次性成功，使中国在当时成为除美国和苏联之后的第三个掌握卫星返回技术的国家。

针对返回式卫星的返回技术，孙家栋现在说起来都让人有些紧张。他回忆说：

虽然发射成功了，但能不能回来却使人心里没底，因为是第一次，压力很大。有一件很典型的事情，返回式卫星即便能够返回，还得让卫星落到指定的地方，要卫星从北往南进入中国上空后落在四川。假设一旦落下来的速度慢了一点，卫星会不会还继续往南飞？往南飞的话，搞不好就出国了。如果掉到海里还好办一点，卫星要是落偏了，就会跑到国外。所以当时又提出来在卫星上装个炸药包，出发点是考虑到一旦发现轨道不正常，控制不了落点的时候，就下指令把它在空中炸掉，那时候要是把卫星掉到国外那可是个很大的事情。当炸药包安置好了后，卫星也都进入发射场开始了电测，就要临近发射的时候，忽然的想法又出现了矛盾。试想，如果卫星并没有出毛病，本来属于正常情况而且卫星也返回落到了指定范围，等收回来后，也得拉回到胶片处理工厂去打开、分解、取出胶片盒。由于这里面有个炸药包，上天以后又跟着回来了，这炸药包会不会出毛病？如果一开盖把里头的炸药包给崩了，那不就出大事了？这炸药包到底是装还是不装？原来说要装是有道理的，现在说怕出事要求不装了，也必须要讲出道理。我作为卫星技术负责人，当然压力就更大了。那几天，白天晚上都在研究这个问题，精神上确实有点支撑不住了，曾经晕倒了好几次。经过这样正反两方面的反复权衡，大家统一了意见，认为卫星万一飞出国外，属于外交问题的处理范畴。如果卫星带着炸药包从发射场点火起飞，在空中运行那么长时间，返回落到地面的很多环节都有很多危险。两者的风险权衡前者的风险毕竟要小于炸药包的风险，最后决定取消炸药包方案。当时卫星已经在发射场完成了各项测试，操作人员接到方案修改的通知后，又制定了撤除炸药包的程序。当操作人员小心翼翼地将炸药包从卫星上拆除后，这颗悬着的心才算落了地。这件事情虽然花费了很多精力，经过了几次反复，但最终能够使问题得出明确结论，感到还是值得的。

卫星遥感技术的应用与传统测绘的效率是无法比拟的。1949年新中国建立后，国家组织庞大的国土测绘队伍开始了国家的测绘工作，经过30多年的艰苦奋斗，直到20世纪80年代才完成了全国20%国土的测绘量。而遥感卫星投入使用后，仅仅用了不到5年时间就已经完成了30年工作量的四倍，并且要比人工测绘的效果好、精度高。遥感卫星产生的高效益为国民经济建设带来的效益是轰动性的。

1978年春天，国务院在北京召开的全国科学大会上，时任中国空间技术研究院副院长的孙家栋在大会做了专题发言，详细介绍了我国返回式卫星的研制经过。全国科学大会对返回式卫星的多项科学研究成果给予了隆重表彰。

通信卫星

1975年3月31日，中央军委审议通过了国家计委、国防科委提出《关于发展卫星通信问题的报告》，党中央和毛泽东主席很快批准了这个报告，代号“331工程”的中国通信卫星计划正式开始了工程实施。

通信卫星是使用无线电通信中继技术的应用卫星，也称为地球同步轨道通信卫星。所谓地球同步轨道，是指卫星所运行的轨道平面位置与赤道平面重合，卫星在赤道上空35786公里高度时，卫星的轨道周期等于地球在惯性空间中23小时56分04秒的自转周期，且运行的轨迹方向也与之一致，即卫星与地面的位置相对保持不变，故这种轨道又称为静止卫星轨道通信卫星。由地面将通信卫星发射上天后，控制卫星定位在赤道上空的某个位置，便可以保持卫星与地球某覆盖面保持相对静止不动。

利用卫星进行通信，具有通信距离远、容量大、覆盖面广、质量好、可靠性高和机动性强等许多优点。但通信卫星工程是一个技术复杂、学科繁多、涉及面广的系统工程。

早在1979年4月18日，孙家栋就已经被正式任命为空间技术研究院副院长。同年8月28日第七机械工业部党组任命孙家栋为第一颗地球静止轨道试验通信卫星“东方红二号”卫星的总设计师。

孙家栋上任后，立即主持制定了卫星总体技术方案，确定了中国研制通信卫星选择“两个一步走”的设计原则：第一，在卫星轨道选择上采取“一步走”，即不模仿国外试验通信卫

测试中的“东方红二号”通信卫星

星那种先完成中高轨道试验，再进行地球静止轨道试验的方法，而是将卫星直接发射至同步静止轨道；第二，在卫星技术方案上采取“一步走”，将卫星的研制指标直接定在当时具有国际代表性的第三代“国际通信卫星”的技术水平，同时，把卫星通信技术试验与实际应用结合起来一次完成。这样，通信卫星可以由试验、试用很快转入实用，将会尽快缩短中国通信卫星在技术方面与国外发达国家的差距。同时，也有利于减少我国卫星通信网络建设的成本费用。

总体方案的提出，还仅仅是卫星总体设计的第一步。总体设计工作所要考虑和协调的内容繁多，既要分析落实总体方案中设定的总体性能参数、整星重量、功耗分配、质量特性计算、各系统之间指标分配和接口，还要提出各系统的任务书，要拟制整星大型试验方案以及解决实现试验的途径，并且还必须整体考虑卫星与运载火箭、测控通信、发射场、通信应用地球站之间的大总体协调。研制卫星要考虑方方面面的因素，既要考虑对运载火箭入轨参数和精度要求、测控频率与通信频率的匹配选择及干扰协调、整星以及单元仪器力学环境试验条件指标等技术性的问题，也要考虑分系统仪器的尺寸和布局、功耗计算、产品验收、大型试验组织实施等协调性的工作。这些工作都是整星研制过程中非常重要的环节，是总体设计很重要的部分。总体协调的结果直接影响到卫星整星质量和研制进度，如果总体协调出现漏洞，将卫星发射上天那简直是天方夜谭。

1976年7月15日，孙家栋参加了通信卫星第一期工程大总体论证工作会议。会议认为，在论证中既要考虑技术上的先进性，更要考虑可靠性，还要考虑经济性和合理性。为新型卫星的发展进一步明确了原则和方向。

在孙家栋的主持下，试验通信卫星完成了整星大型试验。在制定大型试验方案时，除了充分论证各项试验的必要性、可行性以外，还要从经济效益方面考虑来合理安排试验项目，做到一星多用，减少重复浪费。在孙家栋的具体组织下，大回路卫星试验方案、力学性卫星试验方案以及整体卫星试验方案，都是按照既严格满足试验技术指标要求，又要经济节约、节省费用。也就是从这个时候开始，在卫星研制中对技术经济可行性论证予以了进一步的具体体现。

1979年10月22日中国宇航学会召开第一届理事会，会议选举孙家栋为副理事长。

1980年5月22日，空间技术研究院成立了科学技术委员会，孙家栋担任主任委员。

1980年11月10日，孙家栋被任命为第七机械工业部总工程师。

1983年5月23日，孙家栋被任命为中国空间技术研究院院长，同时任命闵桂荣、戚发轫、陈永源为空间技术研究院副院长，王希季为科技委主任。

1983年8月，通信卫星工程的五大系统：运载火箭、通信卫星、发射场、测控通信及地面应用地球站完成了配套建设，基本具备了通信卫星发射试验的条件，各个系统也都具备了执行任务的条件。接着，完成工厂总装测试的卫星和运载火箭相继运抵西昌卫星发射中心。

“长征三号”运载火箭在西昌卫星发射中心测试

第一颗试验通信卫星运抵西昌卫星发射中心，技术人员按照技术区卫星检测工艺流程，对卫星进行了整星检漏、安装精度复测、两种状态的组装、复测以及对卫星进行无水肼燃料加注和称重后，转往发射区。当孙家栋与他的技术人员们在西昌卫星发射中心刚刚度过了1984年新年后的1月5日清晨，孙家栋起大早站在晨曦下的卫星发射场，看着运输卫星的特殊车稳稳地停靠在高高的发射塔架前，在发射人员的精心操作下，卫星被缓缓地吊起装配在运载火箭顶部。

晴空万里的发射场，眺望巨大发射塔旁耸立着乳白色火箭和与鲜红色卫星保护罩衬映的壮观景象，孙家栋比其他参试人员的心情更为激动。

卫星一旦进入发射场就标志着发射日的临近……

1984年1月26日16时15分，卫星完成了发射场的各项检测任务，发射倒计时程序进入5小时准备时，发射人员按照测试规定

“长征三号”运载火箭完成技术测试，运往发射场途中

对火箭进行第二次功能检查时，突然发现火箭稳定系统偏航波道输出信号超出正常值。这一异常现象立即打乱了正常发射程序，不搞清楚问题的准确原因，发射程序是不能继续进行的。此时的运载火箭已经完成一级、二级四氧化二氮氧化剂偏二甲肼燃烧剂的加注工作，三级火箭也已完成液氧加注。但不查明故障原因，是不允许按正常程序进入发射状态的。火箭卫星不带故障上天是发射成功的准则。发射场立即开始排查故障原因，经判定为陀螺平台功能性故障，火箭陀螺平台那可是火箭的心脏。发射指挥部决定中止当日发射，更换陀螺平台，于1月28日24时前做好重新发射的一切准备工作。为此，将三级火箭已加注的液氧全部从火箭贮箱中卸回地面，对一级、二级火箭推进剂采取防热、防冻紧

孙家栋（右）与任新民院士（中）在西昌卫星发射中心火箭测试现场

急处置后，卫星也被迫从火箭顶上卸了下来。

孙家栋立即组织工作人员进行具体部署，首先要有整体意识，不能有任何怨言，要积极主动予以配合，要切实对卫星做好监测和保护，绝不能由于卫星的原因影响整体计划。卫星试验队的全体人员对孙家栋做出的决定不仅坚决拥护，而且打心眼里佩服。

1984年1月29日，三天后即是中国传统的春节，第一枚“长征三号”运载火箭载着试验通信卫星从发射台上腾空而起、飞向太空。这是西昌卫星发射中心的第一次卫星发射，火箭发动机喷射出的烈焰震动山谷，场面异常壮观。第一、二级的工作和第三级氢氧发动机的第一次工作都正常，地面各测量站跟踪良好。但当火箭飞行到940秒时，第三级氢氧发动机第二次启动后，推力消失，未能将卫星送入预定的地球同步转移轨道。经对空中的卫星进行测试，卫星上各系统工作正常，但由于没有送入预定轨道，卫星不可能按照飞行程序正常运行。

孙家栋坐镇西安卫星测控中心，决定卫星运行第13圈时实施星上远地点发动机点火。经过短时间的精心准备，对上述方案进行了成功的实施，卫星远地点发动机准确点火，工作正常。卫星远地点发动机点火工作后，将卫星由近地轨道变为远地点6480公里、近地点358公里的大椭圆轨道，运行周期也从原来的1小时30分钟延长至2小时43分，使试验通信卫星成为一颗能长期工作的科学实验卫星。故障对策的成功运用，提高了卫

孙家栋与任新民院士亲切交谈

星的运行寿命，利用这种条件，进行了卫星及其各系统的功能考核、性能指标测试和寿命试验，并且完成了通信、广播、彩色电视传输试验，取得了大量宝贵资料。首次发射虽然失利，但各系统得到了全面检验，为后续试验通信卫星的发射积累了经验。

不松懈，不气馁，总结教训，再次发射的必胜信心激励着参试人员。1984年4月，正是西昌的阴雨季节，4月8日这天整个白天乌云密布，发射场西边的山头云雾缭绕。这天，第二枚“长征三号”运载火箭载着第二颗试验通信卫星再行组织发射。傍晚时分，正当大家怀疑气象预报准确性的时候，云层开始变薄，天空开始放晴，夜色降临，倒计时的发射时间在一分一秒推移。这时，发射场上空的繁星点点闪烁，空中已是一片晴朗。

19时整，环抱运载火箭的发射塔活动平台徐徐展开，矗立在发射台上巨龙一般的乳白色“长征三号”运载火箭雄伟挺立，整装待发。

19时15分，连接地面与卫星的脱落插头成功脱落，指挥控制室的显示屏上显示出卫星、运载火箭、发射设备以及测量控制系统全部正常。

19时20分，“长征三号”运载火箭喷射出巨大的烈焰，在震耳欲聋的轰鸣声中离开发射台，冲向天空，飞离地球。

19时40分，“长征三号”运载火箭第三级准确入轨，成功地将地球静止轨道试验通信卫星送入地球同步转移轨道，发射终于获得圆满成功。

发射成功的第二天，孙家栋刚刚卸下卫星发射的重任，还没来得及喘息休整、好好睡上一觉，便乘坐专用飞机马不停蹄地从西昌卫星发射中心紧急赶往西安卫星测控中心。

4月10日8时47分，西安卫星测控中心对卫星发出远地点发动机点火的遥控指令，发动机准时点火，正常工作，在东经142度附近将卫星推入地球准同步轨道。接着，卫星测控中心按照程序对卫星进行了姿态调整，使卫星建立了能够正常工作的自转轴垂直于地球赤道平面姿态，获得了利用红外信息长期跟踪控制的条件。

试验的征途总是不能一帆风顺，正当这颗卫星经变轨、远地点发动机点火进入地球准同步轨道，向预定工作位置漂移的时候，西安卫星测控中心通过遥测数据发现，装在卫星上的镉镍电池温度超过设计指标的上限值，并且还有继续上升的趋势，遥测数据显示，卫星的外壳和其他部分仪器的温度也偏高，如果控制不住，温度会继续升高，刚刚发射成功的卫星危在旦夕……

地面的技术人员遥测几万公里高空发热的卫星，如同医生在诊断“发高烧”的病人，如果不及时为病人退烧，则会危及病人的生命。但是，现在的病人并没有呈现在医生的面前，而类似于远程医疗，要控制的是远在36000公里高度的赤道上空沿着太空运行轨道快速飞行的卫星。刻不容缓，如果不立即让卫星退烧，将会引起卫星蓄电池损坏以至于使整个卫星失效。

此时的孙家栋可以说心力交瘁、疲惫不堪。但危机就是命令，孙家栋立刻领一班人马投身到对卫星故障的应急处置中。首先，召集技术人员开会，发挥技术人员的聪明智慧，群策群力，出主意想办法，孙家栋简明扼要地谈了自己的想法，很快建立了一个解决问题的思路。孙家栋凭着对卫星及其飞行过程的分析，初步判断认为卫星发热是由于卫星相对太阳姿态角的变化所引起的，果断地提出克服蓄电池热失控的应急方案，做出对卫星进行大角度姿态调整，增大太阳的照射角，降低太阳电池阵与蓄电池之间的电压差，减小充电电流，迫使蓄电池停止升温和降温的应急故障处置的决定。

西安卫星测控中心的指挥人员和操作人员一经接到对卫星的处置通知，便及时在地面对36000公里高空的卫星发出了应急

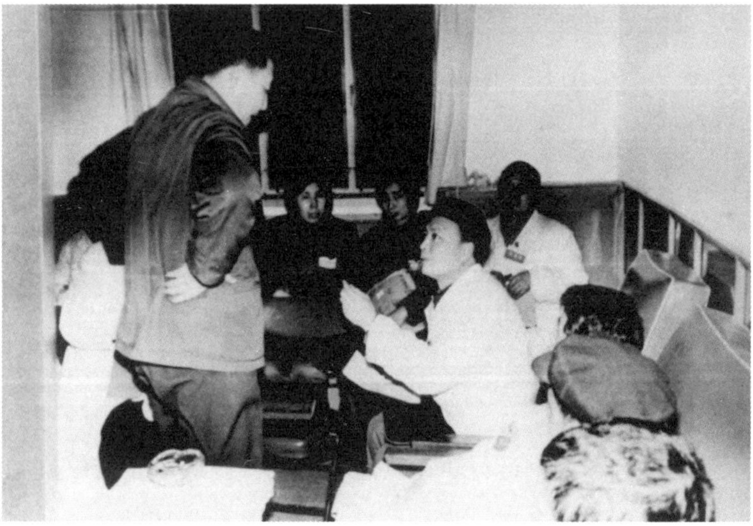

1984年，孙家栋（站立者）在“东方红二号”通信卫星故障处理的决策会议上

指令：将星上所有功耗仪器设备全部打开，尽可能多地消耗电能，多次调整卫星姿态，改变太阳辐射角，以减少太阳能电池对卫星的供电，最大限度地增加镉镍电池放电量。这时，在操作控制室只听到指挥人员和操作人员紧张的口令声：

“发出开启指令！”

“指令发出！”

“星上接到指令，执行完毕！”

……

完成这些技术措施后，卫星的电池温度立即出现了向好趋势，证明所采取的措施是正确的。但此时的卫星还不能正常工作，在这种状态下仍然不能正常进行通信传输。孙家栋与相关专业人员群策群力，又经过几个昼夜的模拟试验发现，当太阳照射角为90度时，卫星能源系统将保持平衡可以将温度控制在设计指标范围内。孙家栋果断命令对卫星姿态角再调整5度。1974年11月5日中国返回式卫星发射时，孙家栋曾就在发射指挥室打破正常程序，不顾一切地果断命令“停止发射！”10年后的今天，孙家栋又一次发出了打破常规的指令。按照正常情况，“立即再调5度”的指令需要根据精确的运算数据结果，形成文件按程序审批签字后才能执行。在这种紧急情况下，各种审批手续都已经来不及了。操作指挥员确实感到压力巨大，尽管孙家栋的指令已经在设置的录音设备中录了音，但毕竟没有经过指挥部会商签字，依孙家栋的位置和人格魅力，他既然发出了指令，势必要立即执行。在指挥现场的几个操作人员为了慎重起见，临时拿出一张白纸在上面草草写下“孙家栋要求再调5度”的字据要孙家栋签名，孙家栋毅然拿起笔，在字据的下方签上“孙家栋”三个字。要知道这三个字的分量和风险。这如同10年前发射卫星的情况一样，也需要把个人的一切顾虑抛到脑后。战争年代这叫作“生死置之度外”，在没有硝烟的卫星发射、测控现场，这难道不是一种不顾个人安危的“大义凛然”！

西安卫星测控中心对卫星姿态再次调整后，验证了这一措施的正确性，最终正确地选择了长期运行的姿态，卫星终于化险为夷，保证了卫星定点和长期稳定运行。孙家栋这时也确实到了精疲力竭的程度了。

对太空中“发烧”卫星的这种处理决策在世界航天界实属

孙家栋（左二）与宋健（右二）、聂力（左一）观看科研成果展

少有，同事们惊叹这一绝招。事后，对卫星故障处理的这种创造引起了航天界人士的关注，当时人们就纷纷说，这真是为我国通信卫星工程立了一大功！

4月16日18时28分，卫星在地面的控制下，准确定点于东经125度赤道上空，实现了运行周期相对于地球的静止同步轨道，中国拥有了自己的第一颗通信卫星。孙家栋虽然身心疲惫，但眼前的成果给他带来无比的欢欣，今天中国人终于依靠自己的技术和能力拥有了自主的同步通信卫星，孙家栋实现了心与星的同步。然而，科学试验屡经磨难，卫星在轨一波三折，经检测后发现卫星上的定向通信天线无法展开正常通信，原因是天线在同卫星一起旋转。这一情况报告到孙家栋那里时，孙家栋果断决定立即启动星上消旋系统！测控中心向卫星发出消旋指

孙家栋与他的同事们在卫星测试的空隙谈论的话题也离不开卫星的数据

令后，卫星工作趋于正常。

4月17日18时，卫星通信试验正式开始。早已调试好的北京、南京、石家庄、昆明、乌鲁木齐通信地球站待命展开数字化通信、广播、彩色电视节目传输、报纸版型传真和时间标准频率播发等工作，结果表明卫星工作正常，传输品质良好。孙家栋又马不停蹄地赶回北京验证在轨测试结果。

4月18日10时，孙家栋看到张爱萍在北京卫星地球站通过试验卫星，与远在新疆乌鲁木齐的王恩茂如同近在咫尺，清晰的电话通话声音时，发自内心地松了一口气，此时洋溢的喜悦也只有他自己的内心才最清楚。几千个日日夜夜的拼搏，孙家栋总算从心底流露出了由衷的笑容。

孙家栋（中）与戚发轫（右）在一起讨论问题

中国通信卫星投入使用，是中国航天技术发展取得的又一个重大突破，标志着中国成为世界上第五个能发射地球静止轨道卫星的国家。

1984年4月18日，中共中央、国务院、中央军委向全体从事通信卫星研制、试验的科学工作者、工程技术人员、工人、干部和解放军指战员发出了贺电。4月30日，中共中央、国务院、中央军委在人民大会堂隆重举行庆祝我国试验通信卫星发射成功大会，党和国家领导人胡耀邦、赵紫阳、杨尚昆、余秋里等出席了大会。

我国试验通信卫星的发射成功，为我国航天事业的发展开创了新局面，为我国的航天技术的应用奠定了新的基础。中国通信卫星工程倾注了中国几代人的心血，通信卫星发射试验的成功具有重要里程碑意义，也是千千万万参与者永远铭记的大事件。

二代卫星

第二代应用卫星航天工程主要为：“东方红三号”通信广播卫星工程 、“风云二号”地球静止轨道气象卫星工程和中国与巴西合作研制“资源一号”地球资源卫星工程。被任命为第二代应用卫星航天工程，大家习惯称之为“总总师”的孙家栋统领了这三项卫星航天工程的研制重任。

“东方红三号”通信广播卫星是我国新一代广播通信卫星。

1997年5月12日，“长征三号甲”运载火箭托举着首颗“东方红三号”通信卫星发射升空，准确进入倾角28.4度，周期10小时39分，近地点为207公里，远地点为36194公里的大椭圆转移轨道。按预定飞行程序，在地面测控系统的测控管理下，卫星先后完成南北太阳电池阵展开，通信天线的展开，远地点变轨发动机经过第三次点火变轨，将卫星送入地球准同步轨道。5月20日16时卫星成功的定点于东经125度赤道上空。

“东方红三号”卫星是我国第一代三轴稳定中等容量的实用通信卫星，可承载170公斤有效载荷，星上配置了24台C波段转发器，其中6台是16瓦中功率转发器，用于传输电视，其余18台是8瓦低功率转发器。服务区域包括：中国大陆、海南、台湾及近海岛屿。主要用于电视传输、电话、电报、传真、广播和数据传输等业务。至少可连续向全国同时传输6路彩色电视节目和8000门双工电话（采用频带压缩传输技术后能传送的更多），寿命末期功耗大于1700瓦，设计寿命达8年。它的研制成功，为我国其他通信卫星的研制和发展奠定了基础，标志着中国通信卫星技术跨上了一个新台阶。

孙家栋统领工程设计的我国自行研制的“东方红四号”新一代大容量通信卫星，也取得了重大成果，这种新型卫星的技术指标已经达到和赶上了国际同类卫星的质量和水平。“东方红四号”新一代大容量通信卫星的成功应用将预示着我国的卫星研制能力实现了与国际接轨。

孙家栋在检查“风云二号”气象卫星

1986年3月，国务院正式批准“风云二号”地球静止轨道气象卫星研制任务，“风云二号”气象卫星工程被列入航天重点工程。

1997年6月10日，我国成功地发射了“风云二号A”静止同步轨道气象卫星，标志着中国气象卫星进入了一个新阶段，极大地改善了我国气象预报手段和提高了气象观测水平，为我国气象现代化事业的发展提供了又一新的手段，对气象事业服务于人民生活、国防、工农业生产及其他行业产生了重要的影响。中国成为世界上3个同时拥有极地轨道气象卫星和地球静止轨道气象卫星的国家之一。

“风云系列”气象卫星应用系统投入业务运行后，成为中国现代化气象业务系统中不可或缺的重要组成部分，也被世界气象组织正式列为世界天气监视网全球观测系统的一个组成部分。从气象卫星获取的大气和地表信息，已被广泛应用于天气预报、气候预测、环境和自然灾害监测、农业等多个国民经济领域，为国家经济发展、社会进步做出了贡献。为台风、暴雨、冰雹、暴雪、沙尘暴、龙卷风等灾害性天气的监测提供了更有力的手段，使天气预报更加准确及时。我国是环境和自然灾害种类较多且发生频繁的国家之一，“风云系列”气象卫星在洪涝、森林草原火情、沙尘暴、雪灾和海冰等监测中发挥了重要作用。例如1998年，我国长江、嫩江流域等地区发生特大洪涝灾害，国家卫星气象中心利用卫星资料提供了大量气象卫星洪涝监测产品。台风是一种灾害性天气系统，自从有了气象卫星，它就成为台风观测最主要的手段。云图和其他气象卫星定量观测资料用于分析和预报台风的位置、强度和天气，做到了一个不漏。在三峡工程的气象保障服务中，“风云”气象卫星资料也发挥了很好的作用，为大江截流做出了贡献。我国西部尤其是青藏高原的气象观测站极其稀少，长期以来人们很难获得全面系统的认识。我国的“风云二号”气象卫星资料不仅揭示出来自印度洋涌上高原的热带云系的发生、发展和演变，以及影响我国西南直至东部地区天气系统，更重要的是，卫星探测资料填补了我国青藏高原地区气象观测资料的空白。这之中，我国亿万老百姓得到了切身的好处，人们对天气预报更为关切了，每天的电视节目不管看不看，但《新闻联播》后的天气预报是一定要看的，人们茶余饭后经常会说，现在的天气预报真准确，预报的内容非常人性化……殊不知，这潜移默化中是由于增强了气象预报的手段，才给人民群众带来了实实在在的好处。

巴西卫星

对于中国与巴西合作研制地球资源卫星，孙家栋倾注的心血似乎更要多一些。随着中国空间技术的稳步发展，人造卫星，尤其是对地观测返回式卫星的高可靠、高成功率在国际上已经引起了广泛关注。1982年孙家栋出任航天工业部科学技术委员会副主任、总工程师，随后担任中国政府代表团副团长，出席联合国第二次探索与和平利用外层空间大会，在会上介绍了中国航天发展成就。我国的积极合作态度得到了联合国及与会各国代表团的赞扬，于是孙家栋的眼光开始瞄向国际合作。

1987年6月，孙家栋出席巴西驻华大使在北京举行的巴西国庆招待会，在招待会上孙家栋与巴西空间技术研究院院长相识，他们相互谈了自己国家的航天发展思路，两人都感到两国在地理位置上相距遥远，但合作的机会和潜力还是很大的。人世间的许多机会都存在着如何把握，如果能够把握住机会大概就会成就一番事业。孙家栋与巴西空间技术研究院院长彼此相约，希望进一步加深了解，而他们的相识便从此拉开了中巴空间领域合作的序幕。接下来，巴西空间研究院对中国的空间计划进行了解后，提出希望在地球资源卫星方面开展合作。

孙家栋（中）举杯祝贺中国与巴西空间技术合作取得了阶段性成果

1988年5月，孙家栋刚刚就任中国航空航天工业部副部长就接手了中国与巴西的航天实质性合作任务。很快，双方在前面工作的基础上于1988年7月6日由两国政府签署了《联合议定书》。议定书中明确，在已经进行中的中国资源卫星原方案设计基础上，由中国空间技术研究院和巴西空间研究院共同联合研制中巴地球资源卫星（代号CBERS），由中方承担总经费的70%，巴西承担30%，中巴地球资源卫星由中国运载火箭发射，卫星发射成功投入运行后由两国共同使用。1989年4月，孙家栋率代表团前往巴西访问，对两国合作的有关重大问题进行协调磋商。随后，两国技术人员对原来资源卫星的设计方案进行了讨论和修正，按照新的方案制定了工作计划，初步确定责任分工，项目的合作研制工作随之全面展开。

中巴地球“资源一号”卫星

中巴地球资源卫星是中国首次在空间技术领域进行的全面国际合作，在合作中不可避免地遇到了许多新问题：接踵而来的研制经费的困难、巴西承制卫星项目的ESCA公司破产、两国相距太远，人员往来、技术协调、语言障碍等都使卫星研制进展缓慢，明显地影响了当时确定赶超世界先进水平的步伐。孙家栋及时组织有关人员对出现的问题进行分析，按照技术和行政两条指挥线将困难想透，将问题想细，将解决办法想足，制定出相应的处置措施，使项目在艰难中继续向前。随着项目的进展，两国政府又分别于1993年和1996年签订了补充协议，一再重申中巴地球资源卫星合作的重要意义，提出要克服困难，坚持将合作进行下去。

“资源一号”卫星是我国第一代传输型对地观测卫星，早在1987年进行可行性论证时汲取了国际同类卫星的优点，以当时国际先进的地球资源卫星的技术指标作为设计依据，在遥感谱段设置上与陆地卫星相同，但其空间分辨率高于陆地卫星与法国斯波特卫星相当，但谱段要多于斯波特卫星。除此之外，在设计指导思想方面，“资源一号”卫星将按照高水平的卫星平台制定研制方案。

在两国研制任务分工方面，由中国承担卫星应用平台部分及其他两种有效载荷等星上重要部件的研制，由巴西主要负责卫星上的宽视场CCD图像仪的研制工作。

确定了这些设计依据和基本任务区分后，参加此项工作的人员很快进行了技术指标的制定，大刀阔斧地开始了设计。“资源一号”卫星从总体技术方案逐步趋于合理，研制工作快速步入正轨。

孙家栋（后排左一）出席中国与巴西航天科技合作签字仪式

资源卫星的技术相当于国际上20世纪80年代末90年代初的水平。资源卫星获取的遥感数据由地面接收站负责实时接收，卫星在接收站接收范围之外获取的其他地区的数据，可由星上存储器暂时储存，待卫星飞越中国上空时再传回地面站。接收站接收到的数据由中国资源卫星应用中心负责处理，加工成不同级别的图片和数据产品，供不同的用户使用。

经过中巴两国科技人员13年的艰苦努力，1999年10月14日，中国“长征四号”运载火箭托举着中国和巴西联合研制的第一颗“资源一号”卫星，在太原卫星发射中心成功升空，将卫星准确送入了预定轨道。

此时，站在发射场坪的孙家栋望着火箭起飞后，发射台上

中巴地球“资源一号”卫星在太原卫星发射中心点火起飞

还在袅袅飘散的烧蚀余烟，心中思绪万千。他想到13年来科技人员艰辛的日日夜夜，想到攻克技术难关时所遇到的困惑，想到与技术没有关系的大量综合协调……

卫星虽然已经成功地送入预定轨道，但卫星上那么多系统、那么多设备、那么多元器件都要确保质量，保证卫星能够准确无误的工作，仍然在紧紧牵动着孙家栋的心。

卫星入轨后的第二天，位于北京密云的遥感卫星地面站首先报告获取了卫星宽视场CCD相机5个谱段的数据和红外扫描仪第六个谱段的数据。在对这些数据进行处理后，监测结果证明图像质量很好，完全能够达到技术指标要求。

11月15日总装备部某试验基地、中国资源卫星应用中心及中国空间技术研究院三方面的代表举行会议，对在轨测试第一阶段的工作进行了总结，一致认为测试证明卫星各种功能正常，星上各设备性能参数均符合或优于规范要求。在轨测试的第二阶段（卫星发射后第34～80天）转入以中国资源卫星应用中心为主的图像质量评定阶段。

孙家栋的脸上露出了多日来难以见到的笑容，他又一次开怀大笑。这个笑容是长时间来的担忧得到释放后的轻松，他那开怀大笑是一种发自内心由衷喜悦的表露。

至此，由孙家栋所负责主抓的“新三星”任务圆满完成。“资源一号”卫星的首战告捷，为后续任务打下了良好基础。

2001年7月，孙家栋与中国空间技术研究院又一次来到巴西，在现场检查中国与巴西联合研制“资源卫星”第二颗星的总装测试情况。

2002年11月，中国与巴西政府又签署了关于继续开展资源卫星合作的相关协议。根据新的协议规定，中巴之间将继续合作研制第三颗和第四颗地球资源探测卫星。在研制费用的投入上，双方各占50%。这两颗卫星的各项性能指标将在第一颗和第二颗星的基础上有较大提高，空间分辨率和图像质量有明显改善。第四颗资源卫星将由巴西完成总装、发射任务，预计在2010年前后发射升空。中巴地球资源卫星下一步的发展目标将是扩大应用范围，加强应用领域的国际合作，为区域乃至全球的社会进步、经济发展做出贡献。

“资源一号”第二颗卫星在巴西完成全部总装测试后，装入大型运输飞机由巴西经过近30个小时的远途飞行运抵中国。之后，按计划在太原卫星发射中心进行发射前的各项测试准备工作，于2003年10月21日在中国太原卫星发射中心又一次成功发射升空。与此同时，与“资源一号”卫星一起还成功地搭载发

中国与巴西资源卫星合作初期，孙家栋与巴西方代表亲切交谈

射了我国自行研制的“创新一号”小型科学试验卫星。

针对“资源一号”卫星的研制发射，《中国航天报》专门进行了报道：中国资源卫星应用中心在北京召开用户大会，交流应用经验，介绍后续卫星情况，听取用户意见，并向三年来积极探索应用技术，拓展应用领域，并向取得丰硕应用成果和显著社会效益和经济效益的水利部遥感技术应用中心等22家用户颁发了“中巴地球资源卫星推广应用奖”。近200家用户及受益者的代表们汇聚一堂，与国家宏观管理部门、卫星研制者、卫星管理经营者零距离接触，共同促进卫星技术及其应用的发展。

在双方共同促进的基础上，中国与巴西开展地球资源卫星的继续合作顺利推进。继2003年10月中巴地球资源卫星02星成功发射后，中巴两国政府又签署了联合研制地球资源卫星03星、04星和数据应用系统合作等补充议定书，继续保持中巴地球资源卫星数据的连续性并扩大该卫星数据在区域和全球范围的应用。

孙家栋与他的同事们看到“资源一号”卫星产生的政治、经济影响，不仅仅是欣慰的感觉，更是对我国航天事业取得的成就感到无比自豪。

孙家栋领导中国第二代应用卫星工程的研制工作，成为跨部门、跨学科、跨专业的航天工程设计师系统的核心，在整个工程大系统的技术指挥、技术决策和技术协调方面，他负责总体方案论证工作、审定总体指标、总体方案和技术途径。他在解决五大系统之间相关技术问题和大总体协调工作中，坚持航天系统工程目标性、协调性和最佳性的原则，强调整体观念，从全局出发进行决策和协调，为第二代应用卫星的研制成功起到了非常重要和别人不可替代的作用。

这些工程的完成，标志着中国航天技术跨进了一个新的发展阶段。对于振奋全国人民的精神，推动我国改革开放和国民经济建设，提高我国在国际航天领域的威望，巩固我国在国际航天发射市场的地位，都具有非常重要的现实意义。经过50年的努力，我国的航天技术水平已经跨入世界先进行列，我国已经拥有种类齐全的系列运载火箭，能够把9吨重的载荷送入300公里高的近地轨道，能够把5吨重的卫星送到地球转移轨道。按

卫星发射成功，孙家栋与外国友人举杯祝贺

照卫星的种类区分，中国已经将自己制造的几十颗卫星送上了太空，有通信卫星、气象卫星、资源探测卫星、海洋卫星、科学试验卫星、返回式遥感卫星、导航定位试验卫星等等。我国航天实力的不断增强，又有效地促进了航天事业的发展步伐，使得我国航天技术为国民经济建设、为国家安全，维护世界和平做出了应有的贡献。

第六章

外星内发

发射外星

1976年12月，孙家栋以中国航天专家的身份，随团赴法国、联邦德国、荷兰、意大利、英国、瑞典所属欧洲空间局的航天部门考察访问。通过访问，孙家栋了解了欧洲空间技术的发展水平，结交了许多航天界的朋友，开始与西方航天科技人员交往。1977年9月，孙家栋又随中国航天技术代表团赴法国进行空间技术考察访问。1978年7月，孙家栋主持接待了美国总统科学顾问、科技政策办公室主任弗兰克·普雷斯博士率领的科技代表团，并陪同参观了空间控制工程研究所、卫星总装厂。这是空间技术研究院首次接待外国代表团参观卫星总装厂。

通过国际交往，开拓了中国航天国际合作的思路。孙家栋和有关领导在思考一个问题：要让中国的运载火箭走入国际市场，展开与国外航天技术的合作、交流，参与外国商业卫星发射服务的竞争，实施军转民、内转外策略，使中国航天走向世界，这将是中国航天事业快速发展的必由之路。

1982年，孙家栋与邵天任作为副团长随同章文晋团长率领中国代表团出席了第二次联合国探索与和平利用外层空间大会。会上，我国代表介绍了中国航天活动的成就，这种积极合作的态度得到了联合国及各国代表团的广泛赞扬。

1983年5月，孙家栋随时任航天工业部的宋健副部长参加了中美科技合作联委会第三次会议。这次会议同美国航天局克雷勃洛副局长确定了中、美双方共同感兴趣的合作项目。至此，中美航天技术合作有了具体的发展。

1983年11月，按照中国与英国签署的科技合作协议，英国贸易工业部空间部副主任罗宾逊，率领第一个英国宇航代表团访问我国航天工业部，孙家栋以中国空间技术研究院院长的身份与其就6个空间项目的合作进行商讨并签署了《会谈纪要》。

1984年8月，孙家栋与刚就任航天工业部副部长刘纪原，一同应邀率团前往位于南美洲的法属圭亚那航天发射中心参观“阿里亚娜”火箭发射，在那里与法国航天部门就中、法可能展开的合作，互相交换了意见。

1984年9月，国家邀请海外华人、华侨参加国庆35周年活动前夕，孙家栋与航天工业部部长张钧一起，陪同几十位回国观礼的华裔科学家参观了我国四种型号的人造卫星。他们参观后在盛赞祖国航天事业光辉成就时深情地说："作为一个中国人，看到祖国的人造卫星，感到无比的光荣和自豪，只有祖国强大了，我们在海外才会有地位。"

1984年11月，法国空间研究中心主任达莱斯特和马特拉公司董事长拉格德尔访华，同中方签署了合作意向的《会谈纪要》，推动了与法国在航天方面合作的步伐。

这一次又一次的对外接触，不仅使外国了解了中国航天几十年来所取得的伟大成就，也使我们自己开阔了眼界，了解了外面的世界。孙家栋也因此拓展了思路、充实了在国际上树立中国航天大国形象的新内容。

1985年10月30日，经中央批准，航天工业部总工程师孙家栋升任为副部长，他又一次受命于中国航天发展的关键时刻。孙家栋的思维重点开始转向世界，面向国际的航天科技交流。

中国航天经过几十年的努力奋斗，已形成了一套完整的研制、生产、试验、发射体系，建立了与之相配套的设施，拥有一支庞大的、专业齐备的科研试验队伍。但如何有效地将中国航天这些优势充分利用起来？是摆在国家主管部门领导面前的一个重要课题！

中国航天领域的领导们已经清醒地看到：自从我国连续成功地发射了返回式遥感卫星和地球同步静止轨道通信卫星后，实际上已具备了承揽外国卫星发射的能力。用中国的火箭为外国发射卫星，不仅是一件壮国威、振民心的好事，在改革开放初期，可以为任务尚不饱满的航天产业带来新的生机，通过饱满的任务培养锻炼新一代科学技术人员，通过饱满的任务使设备得到充分利用和更新换代，以此促进航天产业能力的进一步提高。另外，通过发射外国卫星还能够增强海外华侨的爱国凝聚力，同时可以保本创汇，增加经济效益。

时任航天工业部部长李绪鄂等，针对中国火箭投放国际航天市场，向国家提交了建议。经国防科工委与航天工业部认真研究后，制定了相应的具体方案。

1985年10月，中国政府庄严宣布：中国“长征”系列运载

孙家栋于20世纪80年代任航空航天工业部副部长

火箭投放国际市场，承揽对外发射服务。

这一消息震撼全球，在国际迅速引起了强烈的反响。

正当孙家栋按照国防科工委和航天工业部的统一部署实施中国进入世界航天发射市场之时，世界航天界接二连三地传出了大灾难的噩耗：

1986年1月28日，美国“挑战者”号航天飞机升空后爆炸，机上7名航天员无一幸免，全部遇难。

1986年4月28日，美国“大力神34D”火箭点火升空仅几秒钟便被瞬间的爆炸化为一片残骸散落地面。

1986年5月3日，美国“德尔塔”火箭升空后91秒，飞行姿态失去控制，地面控制人员被迫实施了炸毁指令，火箭载着卫星如同空中散花一般毁于一旦。

1986年5月31日，法国“阿里亚娜”火箭喷着烈焰刚刚离开发射台，还没有离开人们的视线就变为一片火海。

100多天内接连发射失败的惨局搅乱了国际航天发射市场。这些发射失败的惨局令航天界同行痛心不已。航天发射服务市场因此大伤元气，火箭重返发射是需要周期的，已经造好排队等候上天的卫星，由于没有火箭运送而在地面滞留，也使欧美的航天发射陷入低谷。

人们在痛惜之余却也看出，中国的火箭完全可以作为国际发射服务的延伸和补充为急待上天的卫星提供支持。沉闷的国际航天市场为中国的进入带来了千载难逢的机会。

机不可失，失不再来，要抓住这个机遇，迎接挑战。

1986年7月17日上午，中南海，国务院第13会议室，国务院就发射外国卫星有关问题正在这里听取汇报。孙家栋与时任国防科工委主任丁衡高、副主任沈荣骏以及航天部副部长刘纪原等有关领导，向国务院和中央专委汇报了发射外国卫星工作情况后，与会人员认为，中国为美国发射卫星必然会在国际上产生巨大影响，当年中国自行研制的导弹成功、原子弹成功、人造卫星成功，都曾在国际上显示了中国的科技实力，为中华民族大添光彩。现在，为美国发射卫星也必将会带动我国相关产业的发展，促进我国高科技的进步与发展。

国务院领导指示：原则同意尽快开展这项工作。为外国发射卫星，一是要组织好，二是要注意信誉，要确保卫星发射成

1993年2月与美国驻华大使芮效俭分别代表本国政府签署《关于卫星技术安全协议备忘录》。后排右四为时任国防科工委副主任沈荣骏

功。做好这件事，不仅在经济上可以获益，在政治上也会产生重大影响。另外，对于团结海外炎黄子孙，共同振兴中华也是一个大举措。要求国防科工委会同航天工业部制定具体措施，将外国卫星发射的各项工作抓紧抓好。

当天晚上，时任国防科工委主任丁衡高、副主任沈荣骏和航天工业部副部长刘纪原、孙家栋等参加会议的人员立即挑灯夜战，召开紧急会议研究发射外国卫星的具体实施办法，同时着手起草向国务院、中央军委呈送的《关于发射外国卫星若干问题请示》的报告。

丁衡高上将（左二）、聂力中将（右二）、作者王建蒙（右一）与聂力中将前秘书马京生回忆卫星发射那些事

国务院、中央军委很快向全国下发了通知，确定将发射外国卫星列入国家重点项目，代号为“867工程”，给以必要的特殊政策，由国防科工委负责组织实施，要求有关部门予以大力支持和积极配合。

1986年11月27日至12月1日，国防科工委在北京远望楼宾馆主持召开了第一次外国卫星发射任务工作会议。国家有关部、委、局，有关省、市，解放军有关总部、海军、空军，有关军区共200余名代表参加了会议。孙家栋作为航天部的领导参加了会议。

会上，检查了各单位对中央实施外国卫星发射有关精神的执行和落实情况；中国长城工业公司，中国运载火箭技术研究院，中国卫星发射测控系统部，中国西昌卫星发射中心分别做了关于发射外国卫星准备工作情况的报告。

通过会议，与会人员提高了认识、统一了思想、明确了任务，为发射外国卫星任务创造了一个良好的开端。

时任国务委员、中央军委副秘书长兼国防部部长的张爱萍老将军，莅临会议进行动员。张爱萍对参加会议的人员讲道：“给国外发射卫星，应该把我们成功的经验和光荣传统，在可能的条件下更好地运用和发展。这是我们中国进入国际市场的一次重大的试验，这是我们祖国的荣誉，是我们中华民族的荣誉。”

坐在张爱萍对面的孙家栋，看着张爱萍老将军熟悉的面孔，思绪随着老将军抑扬顿挫、铿锵有力的讲话而起伏，一股崇敬之情从内心油然而起。孙家栋说：“在中国航天对外承揽卫星发

1986年6月6日聂荣臻元帅在玉泉山住所会见航天专家。后排中为孙家栋

射服务的紧要关头，老将军的讲话是对事业的支持，也是对每个人的鼓励、鞭策。”

发射外国卫星遇到了许多以前从来没有遇到，甚至从来没有想过的问题。别的且不说，单就卫星从美国运达中国，再进入卫星测试厂房，便会出现一系列需要解决的新问题。

外国卫星运入中国属于什么性质？是出口，还是入境？将需要按照什么样的国际条约来对待？

外国专用大型运输机按什么方式进入中国？进入中国领空一直到西昌卫星发射中心的机场如何实施管制？

在机场降落后如何把庞大的卫星从机舱中卸下来？

采用什么样的运输工具把卫星由机场运到卫星测试厂房？

卫星在发射场的安全保卫由谁负责？如何保障外国卫星的技术保密措施？

因为是前所未有的事情，何况连同卫星一起来的还有大批成套测试设备、仪器仪表以及工作、生活必需品。这些物品随同卫星到达中国后应该按什么性质来办理？到时候卫星从西昌进入了太空，这些配套件如何带走？将需要执行何种海关规定？

上述问题都是保障方面的问题。而技术接口、技术保障以及生活设施方面还有更多的问题需要落实。对运载火箭来说涉及与卫星的技术接口，经严格的修改设计后还要对各种匹配参数进行实际试验后加以验证。然而，在没有获得卫星制造国的许可证前，卫星制造国是不允许双方技术人员坐在一起讨论技术问题的。对地面设备来讲，卫星发射中心的机场要具备起降大型飞机的能力，要具备卫星停放、测试的恒温恒湿、超洁净度的卫星测试厂房及发射塔架特殊工作区，要向外国卫星提供多种特殊支持设备，与国际接轨，要按商业卫星发射向国际航

孙家栋院士（右）与沈荣骏院士（左）亲切交谈

天保险界购买保险，发射时要进行电视实况转播。还有，在中国技术人员眼里不算问题的住宿、娱乐也必须按西方人的星级宾馆标准建设和配备，在西方人眼里，生活设施的满足程度也有相对较高的要求。

然而，每项具体工作都需要逐条逐项加以落实，每个项目都需要动用大笔资金。于是，出现了一对矛盾，设施、设备不具备条件，不要说拿到合同，就连与国外洽谈卫星发射服务的资格都没有。但是，如果耗用巨资将设施建起来、将设备造出来安装好，谁敢保证一定能将卫星发射任务承揽到手？下这样的决心是要承担很大风险的，这么大的风险如何决策？

孙家栋这时站了出来，在研究发射外国卫星工作的一次专

孙家栋（右）与闵桂荣院士（中）同俄罗斯空间技术代表团洽谈

题会议上，孙家栋慷慨激昂地发表见解说："既然我们的航天能力和发射水平已具备了对外承揽卫星发射服务的能力，既然我国政府已经庄严地向国际社会做了宣布，那我们就应该横下一条心，坚定不移地把我国航天对外开放的步子迈出去！我们要对自己的能力和水平有信心，我们要敢于承担风险，敢于承担责任，敢于下这个决心。我们要号召航天领域的各级领导、技术人员和职工，继承、发扬我们当年搞'两弹一星'时的那股子攻克难关的劲头，把各项工作做好。至于说我们投入了大量资金而承揽不到卫星怎么办的问题？我想，只要你的东西比别人的好，你的条件比别人优越，在同等情况下你的价钱又比别人的便宜，应该没有理由出现这个问题。事在人为，我就不信

孙家栋（左一）、林宗棠（右一）与外国朋友亲切交谈

老外这个邪，这件事情是关系到我们为之奋斗一生的航天事业的又一次新创业和新起点，国家改革开放政策为航天事业创造了这样的机遇，我们就是拼老命也要把这件事做好！”

过去几十年来，中国航天内部不仅不是开放，而且是要求严格保密，航天技术在各个环节都有一套严格的保密措施，航天保密管理条文对各类问题的处置都有明文规定。而现在，发射服务提供方作为卖方，必须要把运载火箭、发射设施的技术指标、试验数据等，作为用户“商品”全面展示给“用户”。按照市场经济的法则，买主就是用户，用户就是上帝，这个用户不仅仅是卫星使用者，连同制造商、经营商、保险商、金融商、法律界都需要做全面、深入的了解，光看卖方提供的资料还不够，还要直接到生产厂、试验室、发射中心、测量控制现场进行实地考察，还要进行逐类逐项的技术评审。为了满足外国卫星的技术安全，必须要完成卫星与火箭之间星箭电磁兼容性试验分析，星箭热环境试验分析，星箭载荷耦合振动试验分析，星箭分离时的相对运动分析和飞行轨道分析五大相容性评审。这些评审不仅要提供结果数据，而且连同试验过程、试验方法都要解释得一清二楚。按照这样的程序，中国还有什么密可保？

面对这一系列新问题，如何适应新形势？新的规章制度怎样制定？对于各级领导、各层人员来说都是一片空白。

发射服务进入国际市场困难重重，即便是欧美这样的资本主义国家，为了进入国际发射服务市场也都用了好多年的时间，欧洲“阿里亚娜”火箭为了进入国际市场用了整整8年的准备时间。

孙家栋心里想，难道我们也要再花上8年时间？机遇不允许这样做！只能在借鉴外国经验教训的基础上，尽快走出具有中国特色的道路！

孙家栋与时任国防科工委副主任沈荣骏，在研究如何落实发射外国卫星的具体工作时，不谋而合，又一次想到了一块儿。他们认为：我们发射外国卫星是在做前人从来没有做过的事业，对于这种新的举措肯定会遇到不少困难和阻力，甚至还要承担一定的风险。但既然我们认准的事业就要首先树立起信心，要有敢于开拓、敢于创新的精神。只要我们下决心脚踏实地地去干，终归能把事情做成。因为这不仅仅是国防科工委和航天部的事情，也是中华民族的一件大事！困难会有，但肯定也会得到全国人民的支持。这件事情一旦做成，必然会改变中国在世界的形象，同时也会在历史上留下深远的影响，这是国家的大事，民族的大事，必须要做，而且一定要做好！

孙家栋的大脑总是不停地超前运转，他与他的同事们献计献策，适时制定出适应新形势、新要求的计划和可行方案。

两年后，一整套与发射外国卫星相适应的制度建立了起来，火箭的适应性改造业已完成，在发射场新建的卫星厂房醒目矗立，满足国际标准的发射塔架也已改造完毕。与发射外国卫星相适应的技术队伍和管理队伍也已建立起来。

时任国防部部长张爱萍（左二）与孙家栋（中）、王永志（左一）、王礼恒（右二）合影

合作险阻

中国火箭承揽外国商业卫星发射，这是一种商业行为。既然是商业，必须学会与国际航天商人打交道，要按照做生意来谈买卖。这个生意有政治方面因素，与技术密切相关，与市场紧密相连，这个生意是国与国之间的大生意，是对航天国际市场垄断与反垄断的较量，是国际高技术领域开发应用实力的

比试……

孙家栋又一次受命于关键时刻，他毅然挑起了中国航天国际合作谈判的重任，航天工程技术专家孙家栋在国家改革开放的重要关头，又充当起“生意人”的角色。

对中国航天进入国际市场，一些友好国家和航天界团体持支持态度，认为中国这样的泱泱大国在航天方面已取得了巨大成就，完全应该参加国际间的平等竞争，如果没有中国的进入，国际航天市场是不全面的。如同联合国没有中国的参与则不全面、不合理一样。而对中国缺乏了解的国家，有持观望态度的，也有持反对态度的，还有反对者散布出什么，外国卫星到中国技术秘密都得不到保证，中国航天由政府补贴，发射服务价格

孙家栋（前中）在中国与法国宇航局航天合作签字仪式上

低廉，是一种倾销做法，会对其他发射服务商构成威胁。

美国政府向来对高技术管制非常严格，此时也提出，卫星当属高技术产品，对卫星出口要按军品管理的办法对待，卫星出境必须要得到美国国务院、国防部及武器出口控制委员会的批准。

面对这些问题，回避是不可能的，中国挤入国际航天市场本身就是一场改革，所以，也是回避不了的。孙家栋认为，我们就是要面对现实，认真分析国内外形势，做到知己知彼，要加大国际宣传力度，走出国门主动出击，让世界尽快了解中国。

很快，孙家栋与有关领导点将，由航天部、中国卫星发射测控系统部等部门组成的卫星发射服务宣讲团分赴有关国家，特别是美国这个卫星制造大国，阐明中国的立场，宣传自己的发射服务水平，讲解自己的各种保障支持能力和中国的立场。

孙家栋自己也亲自出马，亲临游说第一线。他们的宣讲使海外爱国华侨群情大振，很多持有不同想法的国家、公司也解除误会，逐步改变了看法，宣讲起到了很好的效果。

1988年8月1日，孙家栋与时任航空航天工业部林宗棠部长会见洛德大使，要求美国政府批准休斯公司申请的卫星出口许可证，并希望美方协助做好“巴统”成员国政府的工作。

“巴统”的全称是“巴黎统筹委员会”，这个组织是冷战时期西方大国为了控制对社会主义国家战略物资出口而设立的专门机构，总部虽然设在巴黎，但这个专门机构仍然由美国在其中起着主导作用。从手续上说，美国批准卫星出口许可证后还要经过“巴统”这一关，但实际上只要美国同意，这一关也就

孙家栋（右一）与法国航天代表团合影

行同走程序一般。洛德同意将林宗棠部长的要求向美国政府报告，同时希望从中国长城工业总公司了解更多情况，如发射成本、价格、卫星在中国的技术安全保障措施等，以便美方做决策时提高效率。

经国务院批准，由外交部、国防科工委和航空航天工业部抽专人联合组成一个中国航天对外发射代表团，时任航空航天工业部副部长的孙家栋任团长。

在孙家栋与林宗棠部长会见洛德大使10天后，外交部部长助理刘华秋又一次召见洛德大使，就中国长城工业总公司为澳大利亚发射卫星之事提交照会。照会中表明，澳大利亚将于1991年用中国火箭发射其购自美国休斯公司的第二代通信卫星，1988年6月双方已就卫星发射的若干问题达成协议，休斯公司于

中国航天对外开放初期，孙家栋（右二）与沈荣骏（右三）亲切会见美国航天代表团

7月就已向美国政府申请获得卫星出口许可证。照会进一步指出，西方一些公司企图阻止中国与澳大利亚间的这一卫星发射合作项目，他们阻止的目的不外乎担心中国的发射服务会对他们的利益构成所谓“威胁”，至于说中方想从中获取“技术”等言论根本就是无稽之谈，中国早已表明将会采取严格的技术保密措施。

照会对美国的一些说法予以了驳斥，希望美方对此事做出积极答复。

与此同时，中国驻美大使韩叙在华盛顿也展开了游说工作。针对美方存在的各种误解，向美国国防部、商务部，一些知名国会议员以及有关卫星公司的负责人致函，以理服人，以事实

孙家栋（左二）在美国访问考察

说话。

通过艰苦的斗争和多方努力，美方的立场开始松动。9月9日，美国总统里根签署了批准美国制造的卫星由中国火箭发射的文件。但文件中还附带了三个限制条件：

1. 技术安全得到保障。

2. 双方对发射事故责任达成协议。

3. 中方发射的次数和价格要取得美方同意。

10月17日，中美代表团针对上述三个条件开始谈判。团长孙家栋主持会谈，外交部派时任美大使参赞王立和一位法律专家参加代表团的谈判。美方代表团主要由总统贸易谈判代表和商务部人员组成。

谈判比预想的情况还要复杂，双方在协议时间内卫星发射的数量上各不相让，不时出现了僵局。美方坚持6年内中国为外国客户发射的商业卫星最多不超过7颗，而我方认为没有道理，要求增加。我方亟须摸清美方底牌，以争取最佳结果。

1988年10月18日，孙家栋率代表团成员在北京钓鱼台国宾馆同美国政府代表团开始了为期4天的第一轮会谈。

美国代表团由美国国务院、商务部、运输部、国防部、安全部和美国航空与宇宙航行局（NASA）等部门的官员组成，美方代表团团长由美国助理国务卿迈考里斯特担任。

孙家栋深知，自己的背后有强大的祖国在支持，我们所代表的是国家和人民的利益。孙家栋认为，与美国共同制定中国

孙家栋（前排左五）与外国友人在北京钓鱼台国宾馆合影

发射外国卫星的政策必须要建立在平等互利的基础上，不同的国度将是不同的思维，也就必须要用打破常规习惯的做法来对待。中方的立场必须得到美国人丁是丁、卯是卯的认同，要通过摆事实，讲道理，耐心解释的方法让美国人心服口服。谈判场如同战场，一场坚硬的攻坚战就这样开始了。

孙家栋坐在与美国谈判对手对面的中央位置，他自然、大方、不卑不亢。他的每一句话、每一个动作以及阐述的每一个重点问题的声调，都拿捏得极有分寸，哪怕是很细小的环节，他也都丝毫不马虎。只要想好、看准、分析透的问题，他一定会作为主线在谈判中贯彻始终，直至达到目的。从孙家栋的一言一行中与会人员感到他有一种互相信任、尊重对方的道德规范，有一种既坚持原则又谦虚谨慎的豁达气质，让人觉得他是一个言必行、行必果、说话算话、可以信赖的人。

会谈开始，孙家栋简单致辞后便直接切入主题，义正词严、单刀直入地陈述了中国政府的原则和立场：中国在外国卫星发射服务过程中，从来就没有打算有任何技术和秘密的谋求，卫星运到中国发射属于过境性质，中国海关将对卫星免检、免验，卫星到达发射中心将由卫星制造商自己监护，所以技术安全是完全有保证的；中国属于发展中国家，运载火箭的制造能力和发射服务能力都是有限的，不可能对欧洲及美国的发射服务商构成威胁，而对卫星用户来讲则多了一种选择，充其量中国的对外发射服务只能成为国际卫星发射服务市场的补充；至于说中国的发射服务价格低廉是价格倾销和政府补贴也是不存在的，

孙家栋访问美国国会空间委员会

中国的发射服务价格标准是依照中国的综合因素确定的，并且按照国际惯例，发射服务进入商业市场的初期由于服务质量和服务水平的原因，价格也会相对便宜一些；还有，既然中国宣告进入国际航天发射市场，中国就有能力满足用户的各项要求，这个要求包括技术设施、保密措施、生活保障等。我们都会按照国际标准准备好，欢迎航天界的朋友带着你们的卫星到中国来发射。

这些说辞光明正大，深得人心，在当时起到了很重要的作用。这也是对中国航天对外开放所遇到的问题的综合解答。殊不知，这些与国际接轨的解决办法耗费了奋力开拓进取的航天人多少心血。

孙家栋敏捷地对待会谈中的每个具体步骤和细节，代表团的每个成员都很认真，从谈判一开始大家的大脑就处于高度紧张状态，不仅中方代表团的成员是这样，美方代表团的成员也如此。

在谈判桌旁，你稍加留意便会发现，孙家栋眯缝着那双眼皮略为下垂的眼睛表情严峻，在静静倾听别人的发言时，似乎很深沉，喜怒不形于色，但又能让你感觉到他在沉思问题。当你再琢磨他的眼神后又会发现，他那一双深邃的眼睛，尤其是当他深思熟虑想好一件事情要发表意见时眼睛睁大瞬间一亮时，你会觉得此时的这双眯眯眼竟是如此有神，似乎从这双眼睛中能放射出他大脑中的自信与智慧。当会谈出现僵持不定的尴尬局面时，他那副紧锁双眉的面孔会突然蹦出几句诙谐的幽默话语，使谈判双方在不经意地哈哈大笑中悟出一定的哲理，为僵局带来转机。孙家栋的眯缝眼成了他勤于思考的特征。据传，这是老孙家的遗传，他年轻时就是这样。在他家乡的老一代年长者中，只要一看这眼皮就会说：这一准儿是老孙家的小子。

孙家栋在美国政府代表团到京前，就曾多次要求美方提供协议书文本。这个文本需要在美国人先行提交，以便中方先做准备。但美国代表团10月18日到达北京后，竟然说由于协议文本需要美国上、下两院表决后才能生效，现在还没有得到批

孙家栋（前排右二）与国务委员宋健（前排右六）、刘纪原（前排右四）会见美国政府代表团

准，会谈日期不可变更，所以来不及等待文本的批准。在我方要求下，10月20日美方交给我方十几页纸的文本，所提条件与我方差距很大不说，文本中还充满了“不允许中国这样”，“不允许中国那样”的字句。甚至无视中国主权，不讲外交礼仪的条款也写入十几页纸内。他们这样做，不外乎试图采取压制的手段来遏制中国的手脚，用拖垮的办法使中国自行退出国际航天舞台。

其实，在谈判之前，孙家栋就已组织我方有关人员加班加点讨论拟制了一套文本。防止美方以霸权条款的形式拖延时间，再以时间不允许而浪费这次会谈。

麦卡里斯特深谙政治，熟知外交，是美国的职业谈判老手。当他与孙家栋对峙后则大为吃惊，一位闻名的科学家，一个

“造卫星”的专家，怎样会发挥那么多集政策、科技、外交诸多方面的谈判技巧。

美国的谈判代表开始由衷地钦佩眼前的中国人，他们的傲气渐渐消失，随之进入了一种宽松、谅解的氛围。在这样的氛围中，美国人也开始含蓄地对中国同行讲几句悄悄话：他们承认谈判是困难的，谈不好，对里根总统无法交代。但如果全都依照中方的文本，又不符合美国的商业利益和有关卫星安全的条例。

在接下来的谈判中，孙家栋的说理是耐心的，却又针针见血。他严肃地指出，不可依美方文本的根本原因，是美方没能按约定提供合理的、平等的条款文本。中方不能在不平等的条款下签订一个不平等条约。如果要谈，只能依据中国提供的文本！

在这样的情况下，强强相克的中美双方无法再谈文本问题，聪明的外交家麦卡里斯特话锋一转，开始质询中国发射卫星的一系列细节：发射场在何处，每年发射多少颗卫星，每颗卫星的发射价格……

在孙家栋报出发射价格的时刻，麦卡里斯特的神色严峻起来，以强硬的口气指出：“美国认为中国的卫星发射不属于正常的市场价格，是在政府补贴下的市场倾销。”

孙家栋的回答有着赶板跺字的气势，他口气平和但柔中有刚地说道：“在卫星发射价格这个问题上，中国和美国是一样的，中国坚持奉行市场经济政策。如果说在发展航天方面有政府补贴的话，难道美国的航天发射场由国家投资建设，是不是也应

孙家栋仔细推敲合同文本

该作为‘政府补贴’来看待呢！”

孙家栋的话语气势强大，但仍然沉着稳定，不慌不忙，给人一种胸有成竹的感觉。

说到这里，孙家栋露出了和善的笑容，他娓娓讲明：“中国的卫星发射场是‘军转民’企业，商业利益与美国一致，成本换算也与美国相同。要说为什么中国的发射费用低，那便是中国的劳动力要比美国便宜得多。当前，美国的一个普通劳动力月收入应该是3000美元至4000美元，而中国的一个普通劳动力的月平均工资只有100多元人民币，这相差上百倍的工资反映到千军万马的航天大系统，反映到劳动力密集的火箭制造企业，中国的发射价格比美国便宜难道不正常吗？这种价格恰恰说明中国有竞争力，说明中国应该进入国际卫星发射服务市场享受平等竞争！”

谈判在纵深发展，越是实质性的问题就越尖锐。谈判的成功是在相互让步中求得统一的。然而，在原则立场上，孙家栋是绝不让步的，恰恰在这点上，体现了孙家栋的大智大勇。

当谈到卫星进入中国后的技术安全问题保障时，谈判几乎陷入僵局。美国要求中国不仅在技术措施方面保证卫星机密不会被窃取，还要求中方承诺卫星在进入中国海关后免除检查。这方面的问题已经不是航天范畴的问题，涉及国家海关主权原则，必须协调拿出相应对策。中方代表团连夜进行了研究，能否承诺美方要求？能否对美国卫星不做安全检查？中国的海关对这种特殊情况的主权如何定义？要赶快征求外交部同志的意见。虽说要灵活处置，但这个“灵活”的度到底应该如何把握才合适？这些都是崭新的问题。

孙家栋想到了中国的“特区”政策，想到了美国卫星的“入关”实际上只是“过境”。在中国特区的“保税外贸加工区”里，也有区别于“入关”的开放政策，如果能够运用这项政策，无疑可以打破目前的谈判僵局。

所有的人都恍然大悟，都同意对美国卫星“过境”的正确定义，马上行文报到了外交部和海关，两方面都表示符合政策，批准，同意。

无论是中国的草案还是美国的草案，双方争吵了五六天还是难以达成最后的统一。预定会议时间已经到期，美国人到时间是需要离开中国的，美国代表团只好要求仿效中方的灵活态度，首先在“三个协议”的议题谈判中有所突破，草签“三个协议”，然后向各自政府报告。孙家栋以变被动为主动的方式打赢了中美谈判的第一仗，使中国进入国际航天市场的计划走入正轨。

按照中、美双方拟定好的计划，中美第二轮会谈将在华盛顿举行，孙家栋率领中国航天代表团如期来到美国。1988年12月1日，中华人民共和国政府与美利坚合众国政府《关于卫星发射责任的协议备忘录》《关于商业发射技术安全的协议备忘录》和《关于商业卫星发射服务国际贸易问题的协议备忘录》的条款，双方都是经过反复研究并准备了若干对策上阵的，双方人员心里都清楚对方是有备而来。

谈判初始，各自都很严肃地陈述了自己的原则和立场。中方则参照第一次会谈的经验，本着不失主权、在原则问题上绝不让步的前提，在平等、互惠互利、求同存异的基础上，比较顺利地与美方达成了一致意见。这三个协议在四个昼夜里十易其稿，经过能力、智慧较量的反复修改，终于获得了可喜的结果，圆满完成了三个协议备忘录的签署。

在返回北京的飞机上，大家也终于看到了孙家栋舒心地开怀大笑，他对与美国的卫星合作谈判深有感触，实践证明，国际航天合作的谈判实质上是两国综合国力的较量，国家的实力增强了，与对方谈判的分量自然就加重了。曾经担任航天工业总公司总经理的刘纪原讲过一句话，孙家栋在第一线谈，后面有12亿中国人民在做后盾。

1989年1月，孙家栋率代表团又一次飞赴美国华盛顿，代表中国政府与美国政府签署了《关于卫星商业发射服务》的协议书。

一次，孙家栋与航天工业部的领导一起去看望聂荣臻元帅时，当聂帅听到中国长征火箭将承揽外国卫星发射服务的消息后，拉着孙家栋的手高兴地对前来的各位说："中国能为世界上科技最发达的美国发射卫星，是一件很了不起的事情，外国卫星发射成功既可以在政治上产生巨大影响，又可以在经济上得

西昌卫星发射中心第二发射工位

到好处，所以，发射外国卫星对于中国航天事业来讲是具有划时代意义的。”

外星升空

1989年1月，中国长城工业公司作为中国卫星发射测控系统部（CLTC）和中国运载火箭技术研究院（CALT）的商业代表与香港亚洲卫星公司，在人民大会堂正式签署了用中国“长征三号”运载火箭发射美国休斯公司制造的“亚洲一号”通信卫星的发射服务合同。时任国家副主席荣毅仁、国防科工委、航空航天工业部等有关部门的领导以及美国休斯卫星公司、香港亚洲卫星公司的老板们出席了签字仪式。

为了与国际接轨，满足外国卫星测试的技术要求，西昌卫星发射中心开工兴建了具有国际水平的现代化卫星综合测试厂房。然而，一场突如其来的自然灾害向四川的西昌袭来。1989年9月4日凌晨，一声接一声的炸雷像要把大山劈开似的震耳欲聋，暴雨似天崩般地倾泻下来，洪水如同大江决堤，挟着房子一样大的巨石和泥沙从山上汹涌而来，多处公路被冲成了大沟，铁路路基被冲毁，数十米长的铁轨像大渡河上的铁索桥似的横跨两端，电力和通信线路多处中断，一场百年不遇的特大泥石流给卫星综合测试厂房工程带来了严重影响。为了履行发射服务合同，西昌卫星发射中心的官兵“抢险救灾，重整家园”，克服一切困难，为外国卫星发射创造条件。

一波未平，一波又起，正当“亚洲一号”卫星发射的各项准备工作和技术协调按计划积极推进的时候，美国政府又无端提出停止向中国发放卫星许可证，要求将已批准发放的卫星出境许可证暂时冻结。

这时，西昌卫星发射中心新建的卫星综合测试厂房已基本竣工；发射塔架已按恒温、恒湿、高洁净度的技术要求准备就绪；按“亚洲一号”卫星技术要求设计的“长征三号”运载火箭已在生产线上日夜加班加点抢进度；测量控制系统以及通信保障系统紧锣密鼓的适应性改造已经接近尾声，“远望号”远洋航天测量船为远航太平洋实施外国卫星测量控制任务的技术改造和准备工作也已基本完成。一切工作都在按照统一的计划部署在实现……难道刚拿到手的外国卫星发射合同就这样让它夭折吗?

争取许可证的使命又落到了孙家栋的肩上，他顶着来自国内外的压力，于1989年12月再次率团前往美国华盛顿与美国国会议员、科学技术委员会主席洛埃、美国国务卿代理助理瀚金进行专题会谈。经过艰苦的谈判，终于转危为安，使卫星出境许可证又重新回到中国手中，为开创性的发射计划又一次铺平了道路。

这个胜利来之不易，这中间的艰巨性、复杂性以及酸甜苦辣只有孙家栋心里最清楚。

孙家栋回忆说：中国提出来要在国际航天市场开展卫星发射服务，当时最大的障碍就是对中国航天事业到底发展到什么

火箭点火后轰鸣震山谷

水平，人家不了解。但从商业活动角度来讲，他一方面看低你，另一方面他也有所担心，如果你的商业活动能力真的很强的话，他就会担心。实质来讲就是对中国的火箭能力他看不透，他们的思想也是矛盾的。一方面瞧不起你，另一方面又还害怕你夺了他们垄断的航天发射服务市场。所以当时中国火箭一进入市场的时候，这两方面问题都遇到了。

1990年4月7日21点30分，随着发射指挥员气壮山河般的“点火，起飞”口令，“长征三号”运载火箭雷霆般地呼啸着拔地而起，直射天空，山谷被一阵阵隆隆的轰鸣声笼罩。火箭飞行21分钟后，指挥调度的喇叭中传来“火箭起旋，星箭分离”的口令，表明“亚洲一号”通信卫星已经被成功地送入距地球

36897公里的预定大椭圆轨道。

此时，西昌卫星发射中心的指挥控制大厅接到了邓小平从北京打来的祝贺电话。时任中央领导的江泽民总书记、杨尚昆主席、李鹏总理也来电祝贺。坐在指挥大厅前排的美国休斯空间公司副总裁多夫曼先生、加拿大太列卫星公司“亚洲一号”卫星发射主任柯达先生放下直通美国的电话，激动地与孙家栋紧紧拥抱，亚洲卫星公司行政总裁薛栋先生紧紧握着孙家栋的手，激动地互相祝贺这次合作的成功。

这次卫星发射标志着中国运载火箭正式进入国际商业发射服务市场。发射外国卫星的首战告捷，让紧张了好几年的孙家栋终于获得了浑身一阵阵的轻松。

为了适应发射服务工作的需要，1993年2月11日，孙家栋在北京代表中国政府，在中美两国政府《关于卫星技术安全协议备忘录》的文件上庄严地签字，代表美方签字的是美国驻中国大使馆芮效俭大使。

随后由中国长城工业公司、中国卫星发射测控系统部及中国运载火箭技术研究院共同组成的对外发射工作队，与外国卫星制造商或经营商签订了多个地球同步轨道通信卫星和低轨道卫星的发射服务合同。

根据中国航天工业总公司制定的方针和开展国际空间合作的四项原则，中国航天领域积极开展了国际合作，促进了中国航天走向世界的步伐，中国航天的国际合作与交流有了新的突破和发展。

孙家栋签署中、美《关于卫星技术安全协议备忘录》互换文本后露出欢快的笑容

孙家栋说："第一颗卫星发射上天以后，我们不仅仅实现了发射成功，而且他要求卫星送到哪一个点上，我们就给它送到哪个点上，我们的火箭发射的精度很高，国外用户当时就说中国火箭发射卫星的精度是非常高的，非常佩服。从那以后，他就连续跟我们定了几个合同，用中国火箭发射。"

随着国家改革开放政策的不断深入，中国的政治、经济形势不断巩固和强大，中国在国际上的威望日益提高。国家正确的对外开放政策使我国的国际交流环境越来越好，国家把对外开放作为一项长期的国策，作为加速社会主义现代化建设的战略措施，为中国航天事业开展对外科技合作与交流创造了有利的条件。

2001年3月中美两国政府根据《中华人民共和国政府与美利坚合众国政府关于商业卫星发射服务的国际贸易问题协议备忘

整装待发的“中星6B”卫星矗立在西昌卫星发射中心发射台上

录》的约定进行了新一轮会谈。这是继1997年华盛顿磋商后中美双方举行的首次磋商。中国代表团由中国国家航天局顾问孙家栋任团长，外交部、外经贸部、国家航天局等单位参加。美国代表团由美国贸易代表办公室空间贸易政策主任史蒂夫·福肯先生任团长，美国国务院、联邦航空局及美国驻华使馆等官员参加。代表团于19日至20日在北京进行了磋商。磋商是在真诚、坦率的气氛中进行的。磋商期间，双方评估了协议的执行情况，交换了卫星商业发射服务信息，并讨论了协议的有关问题，增进了双方相互了解。在北京的会谈结束后，中方专门安排美方其他代表赴西安、上海参观中国航天科研院所的有关技术设施和生产工艺情况，美国代表团一行对中国航天发展速度和取得的巨大成就赞叹不已。

航天技术是一个综合性很强的系统工程，几乎涉及自然科学、技术科学的各个领域，航天活动又具有规模宏大的特殊性，不但超出了国界，而且涉足浩瀚的宇宙空间。所以，航天事业决定了它的国际性，开展国际技术合作与交流是发展航天技术的必然趋势。

当谈起孙家栋曾担任过中国最早的导弹总体设计的领导工作，曾是多种卫星的总设计师，曾多年在航天工业领导岗位担任高层领导，曾是中国第二代航天应用卫星的工程总师，个人在这些工作中发挥了很大的作用时，他意味深长地说：

> 1958年刚从苏联回来，组织上分配搞火箭，当时缺少人才，因为我是学飞机的，个人也算多少具备了一点条件。1967年国家要搞人造卫星，当时也是没有搞卫星的人才，个人也只是具备了一点最基本的条件。所以主要靠国家经济发展的需要，靠国家发展所创造的环境，对我个人来讲主要还是靠机遇。

每当谈到中国航天所走过的历程时，孙家栋总是显得有些激动，他又一次重复地说道：

> 搞航天绝不是一个人能办成的事情，主要是靠发挥集体智慧，主要是依靠国家从各个方面给予的支持，才能出

2007年7月5日法国制造的“中星6B”卫星在西昌卫星发射中心发射升空

来成果。按照当时国家的整体技术水平和条件，实际上是不具备搞航天的能力的，但老一辈革命家确实有气魄，毛泽东、周恩来、聂荣臻元帅……他们就是不一般，硬是创造了那么一种干劲，还就是搞出来了。这就是给中国人长志气，就是真正的中国特色。

时过境迁，历史的长河在前进，中国经济发展速度令世人惊叹，中国的综合实力大大加强，中国的航天事业今非昔比。中国卫星对外发射业务已经走过了近二十年的历程。

1990年7月16日，我国用新研制成功的“长征2号E”捆绑式运载火箭发射试验，把巴基斯坦的第一颗科学试验卫星准确送入预定轨道。

1992年8月14日，“长征2号E”捆绑式运载火箭将美国为澳

2004年12月孙家栋（前左五）与时任中国国家航天局局长孙来燕访问美国，与美国航天局长奥基夫（前右三）等合影

大利亚制造的通信卫星在西昌卫星发射中心点火升空，准确进入太空预定轨道。

之后，“瑞典搭载卫星”、“菲律宾通信卫星”、“亚太一号”、“亚太二号”、“中卫一号”、“鑫诺一号”通信卫星接连发射上天，以一箭双星的方式将美国制造的12颗“铱系统”卫星、送入太空预定轨道。但由于发射失利和受国际政治因素影响，中国航天在国际商业发射服务市场面临不公平竞争，从而导致被迫中止多个已签署的卫星发射服务合同。

经过不懈努力，中国终于恢复了新的外国卫星发射。2005年4月12日，“长征三号乙”运载火箭在西昌卫星发射中心成功地将法国阿尔卡特公司制造的“亚太六号”通信卫星送入太空。

2007年5月14日凌晨，我国“长征三号乙”运载火箭成功地

孙家栋亲切会见首位美籍华裔宇航员王赣骏

将“尼日利亚通信卫星一号”送上太空。发射前的几天，孙家栋也在西昌卫星发射中心，他亲眼目睹了此时异常繁忙的西昌卫星发射中心，待上天的卫星几乎是排着队等待测试、等待发射，孙家栋的日程也随着等待发射的日程表而奔波。这颗卫星是由中国航天科技集团公司所属的中国空间技术研究院研制的中国新一代通信广播卫星，具有输出功率大、指标要求高、承载能力强、服务寿命长等特点，卫星整体性能达到国际同类通信卫星的先进水平。这是我国首次以火箭、卫星及发射服务支持的整体方式，为国际用户提供商业卫星服务。“尼日利亚通信卫星一号”的发射成功使孙家栋很兴奋，因为这颗卫星的成功是具有历史里程碑意义的。孙家栋的心中又一次浮想联翩。

早在1986年，中国长征系列运载火箭投放国际市场，承揽对外发射服务初始，中国航天发射服务遭到西方国家阻挠时，张爱萍老将军语重心长的话又浮现在耳旁："目前，我国的航天工业还是'瘸子走路'一条腿长一条腿短，那就是火箭的腿长，卫星的腿短，也就是说，我们的火箭已经达到了国际水平，可以参加国际航天发射的竞争，而我们卫星的水平则落后了一步。要想在国际竞争中获得主动权，就要使自己的卫星水平尽快与国际接轨，所以我们一定要加快自己卫星发展步伐。等到我们的卫星技术水平赶上了国际水平的那一天，我们也就不用再要别的国家给我们发什么许可证，那时候我们就可以扬眉吐气地用我们自己的火箭为国外发射我们自己制造的卫星！"

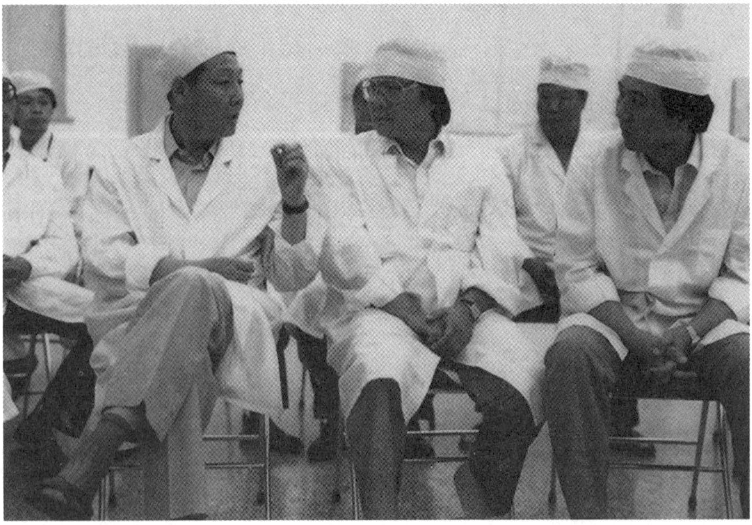

1985年7月，接待中国第一位美籍华裔宇航员王赣骏博士（右一）等人

今天，这一理想已经成为现实。中国空间技术研究院通过研制“尼日利亚通信卫星一号”，攻克了大容量、长寿命、多频段通信卫星总体优化设计技术和星上数据管理技术、大面积轻型卫星机械太阳翼展开机构技术、大功率卫星热控技术、新一代全数字通信卫星模拟器技术等一系列具有自主知识产权的新技术，表明我国通信广播卫星事业在自主创新的道路上实现了重大跨越。这颗卫星的发射成功不仅能够进一步提高我国承揽国际商业卫星发射能力，促进我国商业发射服务市场的拓展，是对我国和平利用外层空间，实现造福于人类一贯宗旨的具体体现。孙家栋想，此时如果九泉之下的张爱萍老将军听到这一喜讯，他的在天之灵也一定会为这一新成就而感到欣慰。

法国制造的“中星12号”卫星在西昌卫星发射中心发射成功。右起西昌卫星发射中心总工程师陶钟山、火箭总指挥岑拯、中国卫星发射测控系统部主任申雷、中国卫星集团公司副总裁姚发海亲切拉手庆贺

自2005年中国航天重返国际商业发射服务市场后，泰雷兹阿列尼亚宇航公司与中国航天进行了8次合作，采用同一型号的“长征三号乙”大推力捆绑运载火箭在西昌卫星发射中心将8颗大功率、长寿命卫星成功送入太空。更令人高兴的是，2011年6月21日发射的卫星，是由中国空间技术研究院提供卫星平台，泰雷兹阿列尼亚宇航公司提供有效载荷，共同合作研制，为中国卫星通信集团使用的合作项目。

如今，中国已进行了30次国际商业卫星发射，为14个国家和地区发射了36颗商业卫星和6次搭载服务。中国不仅具备了6种型号长征系列火箭发射的能力，而且实现了从发射单一型号火箭到发射多种型号火箭，从单射向发射到多射向发射，从被动等待天气发射到全天候科学发射，从发射国内卫星到发射国外卫星，从发射通信卫星到发射地球普查遥感卫星，发射能力从每年5次提升到每年25次以上，从近控到远控等一系列重大技术突破和创新。发射准备时间也由以前的60天压缩为现在的15天。与此同时，锻炼、造就了一支完整的与国际航天市场接轨的技术、商务、法律等方面的人才队伍。

孙家栋老骥伏枥，充满自豪，他发自内心的又一次露出舒心的笑容。

第七章

奔月三步：绕、落、回

启动绕月探测

科学家们的科学探索总是无止境的，他们的大脑总在不停顿地思考着科学技术的前沿发展趋势。在中国航天发展的历程中，在第一颗“东方红一号”研制的过程中，就已经在酝酿着后续的卫星发展计划。“东方红一号”发射成功后紧接着就发射了“实践一号”卫星，以后的返回式卫星，遥感探测卫星、通信卫星、气象卫星，载人航天工程都按照规划逐步实施，并且取得了一个又一个重大成就。

纵览国内外航天科学技术和航天发展历程，发射人造地球卫星、载人航天和深空探测是航天活动的三大领域。我国已经成功地发射了人造地球卫星和载人航天器，但我国的深空探测活动，还一直属于空白。适时开展以距离地球最近的月球探测为起点的深空探测是中国航天活动的必然选择。也是中国航天事业持续发展、有所作为的重大举措。

所谓深空探测，是指地球人造航天器脱离地球引力场，进入太阳系空间和宇宙空间的探测。主要有两方面的内容，即对太阳系的各个行星深入探测和进行天文观测。通过深空探测，人类可以进一步解答地球起源与演变，行星和太阳系的形成与演化，人类是不是宇宙中唯一的生命，地球的未来将是如何的变化趋势等一系列问题，同时有利于人类积极开发和利用空间资源。从现实和长远来看，对深空的探测和资源开发与利用、空间科学与技术创新的重要途径等，具有十分重要的科学价值和经济意义。尽管人类在深空探测中屡遭灾难和失败，但深空探测的脚步不仅没有停止，反而实施的步伐越来越快。国外深空探测的五个重点领域是月球探测、火星探测、水星与金星探测、巨行星及其卫星探测和小行星与彗星探测，深空探测的总体目标是研究利用空间能源、资源、环境，扩展生存空间，探索太阳系和宇宙的起源(包括生命)和演化，为人类社会的可持续发展服务。

其实，我国的一批专家、学者在较早时候就在跟踪国外发展动向，并且把月球探测作为深空探测的起点进行论证。我国有关部门曾在1994年开始组织了相关专家对开展月球探测的必要性和可行性进行过初步分析与论证。当时中国已经启动了载

孙家栋在中国空间技术研究院探月工程会议上

人航天工程，为载人飞船配套的“长征2F运载火箭”首次试验性发射将运载什么有效载荷的问题。有人提出用有限的资金发射一颗简易月球探测卫星的方案。由于当时还难以提出一个完整的月球探测发展规划，缺乏长期和有深度的科学探测目标，并且国家的经济环境刚刚好转，航天基础还不像如今这样扎实，导致当时的月球探测方案无法完善，探月计划未能启动。

孙家栋当时也多次参加了发展月球探测相关的研究讨论，他认为，我国已经掌握卫星技术、运载火箭技术、测控网技术和发射技术，拥有一支技术雄厚的卫星技术研制队伍和空间科学研究队伍，根据目前对月球探测和月球科学跟踪研究的储备以及我国所具备的能力，开展月球探测活动的条件业已成熟。

2010年1月9日，时任总理温家宝与孙家栋院士亲切握手（秦宪安摄）

深空探测是当今世界科技发展的前沿领域，具有很强的基础性、前瞻性、创新性和带动性，将月球探测作为深空探测起点是正确的选择。

孙家栋的老搭档、曾经也担任过中国空间技术研究院院长、卫星总设计师的闵桂荣院士，早在20世纪90年代初就提出了中国也应该进行月球卫星研制的建议。

历史的车轮刚刚迈入新世纪的2000年，时任中国国防科工委副主任、中国国家航天局局长的栾恩杰频繁地找孙家栋，他非常了解孙家栋这位航天总体大师高超的谋略、敏捷的思维、丰富的经验以及对中国航天的钟情和在航天界的影响力与人格魅力。这两位在业内极具影响力的老航天满怀神圣的使命感，在一起谋划着中国航天发展的战略思路。他们两人的灵感一经碰撞立即迸发出了具有前瞻性的火花。他们认为，按照国家目前的技术水平和经济实力完全可以开展对月球研究探测的工程实施，如果能够正确掌握需求牵引关系，就可以着手考虑工程实施方面的大思路了。孙家栋与栾恩杰两人一拍即合，他们又把几十年来对月球资源应用有着极大兴趣的中国科学院欧阳自远院士找来一起切磋谋划探月工程实施的事情。

搞了一辈子航天工程总体的孙家栋明确提出了自己的观点。他认为，作为进军月球这样航天大工程的实施，首先应当进行技术、经济可行性研究，应当制定完整的项目建议书，必须获得国家对项目的批准。孙家栋根据自己多次开创大型航天工程担任总设计师的经验，在立项之前必须明确工程目的、实现途径、需求牵引、技术经济可行性、远期目标的连续性等原则问题。孙家栋提出，工程起步要先立足于满足工程的基本条件，在基本条件的基础上由简到繁分步实现工程应用的发展目标。

2001年到2002年间，孙家栋受国防科工委委托，组织全国各方面力量，开展了我国月球探测卫星的科学目标与有效载荷配置的研究，对我国月球探测关键技术的解决途径，对月球探测工程的综合立项工作进行了反复论证。通过为期一年的综合论证，最后得出结论：科学目标明确、先进，技术能够实现，没有颠覆性的技术问题。论证为国家的最后决策提供了科学依据。

中国的探月计划从论证开始，就受到国家领导人的高度重视，2002年10月17日，在国务院第三次会议上朱镕基总理批示要抓紧探月工程的论证工作。

温家宝总理对开展绕月探测工程十分重视。2004年1月23日农历大年初二，温家宝总理批准绕月探测工程立项，将我国第一个月球探测工程命名为“嫦娥一号”工程，绕月探测工程正式启动。

温家宝总理提出：“月球探测工程是一项复杂、多学科、高技术集成的系统工程，要统筹规划，合理确定科学和工程目标，要充分调动和整合各方面科研资源，加大重大关键技术的攻关力度。各部门要精心组织，团结协作，高标准、高质量、高效率地完成绕月探测工程任务。”

2004年2月19日，国务院批准成立由国防科工委任组长单位，国家发展与改革委员会、科学技术部、财政部、总装备部、中国科学院、航天科技集团公司等单位参加的绕月探测工程领导小组。接着，在国务院批准成立绕月探测工程领导小组不到一周时间内，国防科工委便组织召开了绕月探测工程小组第一次会议。人们议论是栾恩杰和孙家栋搭档得好，主意出得高。

2004年2月25日，国防科工委宣布：绕月探测工程于今日起正式实施。孙家栋参加了会议，他的内心异常激动，中国航天开始了脱离地球飞向月球的挑战。此时压到孙家栋肩上的担子虽然沉重，但作为航天人对中国航天的热爱，则是一件令人兴奋的大事。绕月探测工程领导小组在会上确立了绕月探测工程的科学目标、工程目标和研制计划，向所有参加研制、生产、试验的单位和人员指出，绕月探测工程是继载人航天工程后又一举世瞩目的重大科技工程，一定要以高度的责任感、使命感和紧迫感，抓住机遇，乘势而上，团结一心，大力协同，抓紧抓好绕月工程的组织实施。为确保这一重大科技工程的顺利实施，各参与单位与个人要按计划、高质量地完成任务；一定要发扬"两弹一星"和载人航天精神，不怕疲劳，连续作战，奋勇攻关，敢于挑战，努力攀登新的科技高峰，为人类和平利用空间资源做出积极贡献。

中国目前已具备拓展航天活动领域的基本条件和需求，开展以月球探测为起点的深空探测是必然选择。国家决定上马月球探测工程，用最少的投资，在最快的时间里，"快、好、省"地获得月球探测第一手资料，以便为后续更加深入的探测积累经验、创造条件。

工程组织指挥体系的建立，标志着中华民族千年奔月之梦开始启动。四十多年以来，中国的所有航天试验都是围绕地球的活动，而现在月球探测拉开了中国深空探测的帷幕。孙家栋年届75岁，他又一次接受了新的挑战。探月工程将成为我国航天事业继"两弹一星"、载人飞船之后的第三个里程碑，"婵娟从此不寂寞，广寒期盼故乡人"。

探月工程总设计师孙家栋与总指挥栾恩杰在绕月工程会议上

孙家栋组织有关专家经过充分酝酿后，大家一致认为，绕月探测工程的主要目的是从科学的角度去了解月球这个离人类最近的天体，通过对月球由浅入深地了解，促进航天工程技术带动相关产业技术的发展向更深更广的领域迈进。

经过设计研制人员的不懈努力，“嫦娥一号”卫星按要求完成了方案设计阶段工作，进入开始整星初样阶段的研制工作。2004年4月30日，孙家栋参加了在中国空间技术研究院召开的“嫦娥一号”卫星转初样评审会，“嫦娥工程”副总指挥、时任中国航天科技集团公司副总经理马兴瑞以及国防科工委、中国运载火箭技术研究院、中国空间技术研究院、中国电子集团公司的有关领导和专家参加了会议。

至此，“嫦娥一号”卫星方案设计阶段的各项工作已全部完成，具有较好的继承性，设计的功能和技术性能指标满足任务要求；卫星总体与各分系统之间、卫星与各大系统之间接口要求明确，大型试验项目安排及试验方案合理可行；研制技术流程完整，计划流程合理可行；卫星进行了可靠性、安全性设计，可靠性关键项目明确，测试覆盖性分析的项目完整，可以转入初样阶段的研制工作。

实施奔月

自从2005年10月“神舟六号”载人飞船任务获圆满成功后，人们对中国探月工程的关注与日俱增，尤其是公布了我国月球探测三步走，且将于2007年实施发射升空的计划后，月球探测工程确实成为中国航天新的热点，这无疑又增加了总设计师孙家栋的压力。

作为月球探测工程本身来讲，属于我国第一次对地球以外的星体进行近距离探测。完成月球探测工程不仅可以填补中国在月球及行星探测方面的空白，而且为中国改变航天领域的落后局面，为与国际先进水平缩短距离提供了良好的机遇。

根据循序渐进的科学研究原则，在确定近期实施计划的同时，将尽最大可能对长期目标进行考虑和兼顾。我国月球探测工程规划按照“绕”“落”“回”三步走的原则进行，每一步所确定的科学目标和工程目标为：

探月工程各系统都进入了紧张的调试阶段

一期工程为“绕”。即发射月球探测卫星，卫星进入近月轨道后围绕月球飞行，卫星对月球遥测并将测量数据传回地面，计划2007年完成。

二期工程为“落”。即发射一颗月球软着陆器，并携带一个“月球车”，进行首次月球软着陆和自动巡视勘测，计划在2012年前后发射。主要科学目标为：进行着陆区月貌与月质构造调查和综合研究，测定着陆点的月表的环境，测定着陆点的热流、岩石剩磁等；进行月球内部结构研究，对月岩进行现场探测或采样分析，探测着陆区岩石的化学与矿物成分；日地月空间环境监测与月基天文观测。主要工程目标为：发射月球软着陆器，试验月球软着陆技术，研制和发射月面巡视车、自动机器人，进行高分辨率摄影，为月球基地的选址提供月面环境、月形、月岩的化学与物理性质等数据。

三期工程为“回”。即发射一颗月球软着陆器，进行首次月球样品自动取样并安全返回地球，在地球上对取样进行分析研究，计划2017年前后发射。

“嫦娥一号”卫星由于是中国第一次向深空探测领域的迈进，是第一次对地球以外的星体进行近距离探测，一期工程面临着一系列新的关键技术和难点，须突破系列关键技术，比如轨道设计与飞行程序控制，远距离跟踪测量与地面操作控制的实现等这些以前从来没有遇到过的新问题。

孙家栋作为探月工程“五大系统”总设计师，在工程方面他考虑最多的问题自然是工程目标的实现、关键技术的解决途径和大系统的配套协调。首先要确立工程目标，找出主要矛盾，将各系统与之相关的问题搞清楚。以往我国开展的航天活动，全部是在地球引力场作用下的环绕地球运动的航天器，实现对地遥感、通信、数据传输、载人飞行等任务。要实现月球探测，则必须使航天器飞出地球引力场，进入到38万公里远的月球引力场。由于月球以及月球与地球、太阳的相对关系具有其固有的特点，因此，研制和发射月球探测卫星是一个复杂的三体定位问题，与一般的地球卫星有很大的不同。

在制定“嫦娥一号”卫星技术方案的会议上，作为总设计师的孙家栋非常果断地说出了自己的观点，他认为,“嫦娥一号”

孙家栋（左三）参加绕月探测工程第三次工作会议暨决战动员会

探月卫星如同其他人造卫星一样，也是由卫星平台与有效载荷两部分组成。在满足技术指标要求的前提下，尽量采用成熟技术，不仅可以提高可靠性，减少资金投入，而且可以缩短研制周期。然而，作为一项新的航天工程，必然是国家最高新技术的集合和应用，必然要采用大量当代最先进的技术，需要研制大量新设备，会遇到和攻克从来没有接触过的新问题。因此，需要将成熟技术与新技术科学地交错使用，最大限度地保证可靠性，保证工程目标的实现，保证为后续任务的发展奠定尽可能多的理论与实践基础。虽然孙家栋说他是在抛砖引玉，供大家制定方案时参考，但大家非常统一地认为这个观点应该作为开展工程的原则。

孙家栋的脑子里经常在反复思考着地球、月球、卫星三体运动的关系。地球、月球、卫星三体运动条件下，绕月探测卫星的轨道设计，较以往地球、卫星相对运动条件下的设计更为复杂。

孙家栋举了个例子说：“卫星在地球上发射，但在发射那一刻，月球在太空的什么位置？因为地球与月球都在时刻不停地转动，地球在什么季节与月球的距离最近？最有利于发射控制？都是非常严格的，对运载火箭轨道设计的精确度要求则更为严格，对各个系统的要求也非常苛刻。”

孙家栋还讲道：“探月卫星的发射，计算好在某一天、某一时段几点几分发射轻易是不能变的。”说到这里，他竟然很流利地像小学生背数学口诀似的说：“比如计划好要在某年的4月18日发射，发射时间就要定在6时23分，如果推迟一天，就是6时28分，再推迟一天，就成为6时33分。本来发射就是一件很难的事情，卫星又必须确保在这个时间里准确发射升空就更是难上加难。火箭点火是牵动全局的事情，与之有关的火箭、卫星、发射场、测量控制、通信保障等系统，都要保证与这一发射时间绝对同步，绝对是新的尝试，当然也是一场挑战。仅五大系

孙家栋与探月工程总指挥栾恩杰（左）、火箭专家贺祖明（右）在探月工程工作会上

孙家栋与欧阳自远（右）一起检查探月工程设备研制落实情况

统绝对同步这一要求，就是中国以前所有的航天发射从来没有经历过的。”

孙家栋多年来养成了一个习惯，脑子里只要装上问题，他会觉得茶无味、饭不香，他会沉默寡言，日思夜想。有好几次，有时是半夜，有时是凌晨，老伴醒来发现床上的老头不见了，细听房间没有一丝动静，吓得她大喊。孙家栋却很沉稳地说：“你睡你的觉，不要大惊小怪。”原来，孙家栋夜里起来看到窗外挂在空中那明亮的月亮，总会身不由己地到阳台上看上几眼，他仔细看着月亮在慢慢地移动，心里在默默琢磨月亮与工程总体的一些技术方案的联系。有时他在窗前一站竟是几个小时，折腾得老伴也睡不踏实，一会儿要给他披衣服，一会儿要给他搬椅子让他坐在那里看。但有一条，老伴会看他的眼神行事，绝不敢打乱他的思绪惹他不高兴。有一次，孙家栋在阳台上从后半夜一直站到了

孙家栋（左一）在探月工程研制现场，左二为探月工程副总设计师航天测控专家陈炳忠

天空泛白、月亮轮廓变淡的时候，老伴才打趣地说：“月亮真好看是么，看够了，看出名堂了，呵呵，是不是该吃早饭了，司机都该来接你了。”这时的孙家栋却似乎没有倦意，早饭吃得似乎比平常还要多，想必是观察月亮有了新的感悟……

按照发射程序，卫星首先由运载火箭送入地球大椭圆轨道，与运载火箭分离后，利用自身推进系统经过三次调相轨道加速，进入地月转移轨道，在此期间卫星需要进行多次轨道调整和姿态机动，以确保能够准确地被月球引力捕获。卫星在地月转移轨道运行4～5天后，进入月球捕获轨道，进行三次制动，分别经过三个不同轨道阶段进入月球的目标轨道，执行预定任务。卫星从发射到进入月球目标轨道共需飞行8～9天。

卫星姿态控制的三矢量控制问题也是难点之一。在环月飞行期间卫星姿态要一直保持对月、地、日三个天体定向，各种探测器要保持对准月面，以完成科学探测任务；卫星发射和接收天线要保持对地定向，以将科学数据传回地球，供地面应用系统研究；卫星的太阳能帆板要保持对日定向，为了使电池阵尽量获得日照，需采用正飞和侧飞两种姿态，以获得正常工作所需的电力，但也增加了姿态控制的附加要求和能量要求。在卫星运行期间，月、地、日三个天体都是相对运动的，姿态控制是三矢量控制过程，需要在卫星整体布局、质量分布、多轴控制跟踪等方面进行很多新的理论研究，也带来许多工程实践上的挑战。

卫星环境适应性设计是一个崭新的课题。卫星运行的复杂空间环境是以前从来没有遇到过的，这将对卫星及星上设备的环境适应性、可靠性提出更高的要求。比如，地月空间的强辐照环境会对电子器件产生很大影响，月球在对日面、背日面条件下的温度变化会在-170℃到130℃的梯度内变化，所以对探测器的温控要求更高。

远距离测控与通信问题是以往我国航天活动所没有过的。月球探测一期工程的最大考验是对卫星进行跟踪的测量控制系统。中国航天50年来，我国卫星到达的最远距离是地球同步轨道，约7万公里，而月球距地球大约38万公里，这将给测控系统的传输能力带来新的挑战。此外，卫星在飞往月球的漫漫长路中，必须要对卫星实施多次姿态调整，对卫星进行姿态调整，就必须要对卫星准确测量、准确定位，为地面提供精确的数据。由于我国本土从东到西只有5000公里，空中遥远的卫星如果飞出中国国土的观测区便会丢失，我国目前尚未建成深空测控网，仍然在采用航天测控网和天文观测网相结合的办法，虽可基本满足要求，但余量太小，将给测控的连续性提出更高的要求，解决这些难题，将会使我国继实现应用卫星、载人航天飞行之后，填补我国在深空探测方面的测控空白。

为探月工程配套的昆明大型地面射电天文跟踪系统

2006年5月17日在昆明天文台检查地面射电天文跟踪系统

“嫦娥一号”当自豪

绕月探测工程由月球探测卫星、运载火箭、发射场系统、测控系统和地面应用系统五大系统组成，在这五大系统中，将坚持使用中国自己的技术、自己的设备、自己的产品、自己的设计、自己的条件来完成。绕月探测工程五大系统必须有高度统一的协调配合，每个系统都必须在所要求的时间内按照总体计划，保质保量地完成各自的研制任务。

探月工程采用的卫星平台，以中国成熟的“东方红三号”卫星平台为基础进行研制，选用“东方红三号”卫星平台主要是鉴于这种卫星平台的成熟性和高可靠性。该卫星平台采用了许多较先进的技术，如全三轴稳定、统一双组元液体推进、公用平台设计、大面积密栅太阳电池阵和高强度轻重量碳纤维多层复合材料等。此卫星平台1997年5月首次投入使用后，虽然利用这个平台在其他型号的卫星上进行了多次应用，但是，作为“嫦娥一号”的卫星平台却与中国以前所有的卫星平台都不一样，“嫦娥一号”的卫星平台在轨道、测控、制导、导航与控制系统和热控分系统等方面都有自己的独特之处。“嫦娥一号”的卫星平台充分继承“东方红三号”卫星平台，并在此成熟技

2006年5月11日，孙家栋登上山顶检查协调为探月工程配套的大型天线调试状态

在西昌卫星发射中心测试中的“嫦娥一号”卫星

术和产品上进行适应性改造。这种改造针对航天工程本身就是一种科学的方法，因为所谓的适应性改造，实际是在继承基础上的创新，包括突破一批关键技术。例如三维定向技术，也就是使卫星的太阳能电池板、探测头和传输信息的天线分别始终保持能够对准太阳、月亮和地球。另外，在地球、月球和卫星三者间进行探月卫星的轨道设计和紫外月平仪的研制也需要开展技术攻关。这样的三维控制系统和紫外月平仪是过去没有的，具有相当高的技术难度。

根据“嫦娥一号”对运载火箭的技术要求，火箭要把“嫦娥一号”送到近地点200公里，远地点51000公里的大椭圆运行轨道。火箭必须精确地将探测器送入预定轨道，才能准确完成预定探测任务。为满足探月卫星的特殊要求，“长征三号甲”火箭控制系统增加了单机和线路备份，确保飞行过程中不出现任何偏差，万无一失。选择使用“长征三号甲”火箭还考虑到它是长征系列火箭中发射成功率最高的型号之一。这种火箭拥有灵活而先进的控制系统，可在星箭分离前对有效载荷进行大姿态调姿定向，并提供可调整的卫星起旋速率，具有很强的适应性。“长征三号甲”火箭主要用于发射地球同步轨道有效载荷，同时兼顾低轨道和太阳同步轨道等其他轨道有效载荷的发射，也可进行一箭双星或多星发射。即将承担运送“嫦娥一号”发

整装待命发射“嫦娥一号”的发射塔

“嫦娥一号”卫星发射前夕，孙家栋（左一）、栾恩杰（右一）和发射场区指挥长李尚福（中）在发射塔架前合影

射任务的“长征三号甲”火箭按照工程总体计划已经顺利完成了各项适应性改造以及研制试验和测试，随时待命前往发射场执行发射任务。

越是临近发射，孙家栋的大脑就越是紧张。前面的工作范围遍布、千头万绪，而最后的千钧一发则将问题集中在了一起，此时的问题恰恰都是焦点性的问题。孙家栋提出：“最后的骨头虽然硬，但我们这支队伍练就的本事是专门对付硬骨头的，我们一定能够把最后的硬骨头啃下来！”

“嫦娥一号”探月卫星的发射场确定在西昌卫星发射中心。

“嫦娥一号”卫星发射前夕，孙家栋、栾恩杰（左）欧阳自远（右）在发射塔架前合影

这个卫星发射中心自1984年1月29日执行第一次卫星发射后，已经完成了几十次地球同步轨道卫星的发射任务，是中国专门用于发射地球同步轨道卫星的发射场。发射场的适应性改造工作量非常大，仅仅发射塔架就要对数十吨钢材大动干戈。截至2006年年底，发射场的改造工作也已经完成，正在进行验收测试。

卫星测控任务则由我国卫星测控网和甚长基线干涉仪天文测量系统联合承担，地面应用系统立足我国现有测控设施，充分利用现有的S频段航天测控网和甚长基线干涉仪天文测量系统(VLBI)，通过适应性改造，可以完成月球探测工程各个轨道段的遥测、遥控及测轨任务。地面应用系统的主要任务是卫星在轨运行期间科学探测业务管理、数据接收与处理、科学研究与普及。由于测控距离遥远，所以测控系统尤为重要。测控系统将以中国现有的S频段航天测控网为主，辅以甚长基线干涉仪天文测量系统组成，并进行必要的适应性改造。

“嫦娥一号”卫星不仅需要对月球进行全天候的观测，还需要把太阳能电池板始终对准太阳，同时又要把传送天线对准地球。目前，中国在上海佘山和乌鲁木齐分别拥有一个直径25米的天线，但它们只能有4～6小时可用来接收星上信息。为了“嫦娥一号”计划的顺利实施，中国将分别在北京和昆明设一个直径50米(国内最大)和一个直径40米的天线。这样在我们的国土上，可用4个天线交叉干涉，对近40万公里远的“嫦娥一号”进行测控，并为应对外界干扰因素和意外因素留有应急的能量。

由于月球以及月球与地球、太阳的相对关系具有其固有的特点，“嫦娥一号”卫星与一般的地球卫星有很大不同，研制并发射月球探测卫星要解决轨道设计，制导、导航与控制，包括对月姿态，测控与数据传输，星上热控和电源分系统设计等关键技术，这些问题也在要求的时间内高质量地得到解决。

地面应用系统包括月球探测卫星运行管理中心、数据接收中心以及科学数据处理和研究中心三个部分，按照总体技术要求也在稳步进行工程建设、设备研制以及各项准备工作。

根据国外探月走过的道路，美国、欧空局、俄罗斯和日本等国家在以前探月过程中从未使用过可以全天候、全天时工作和具有一定穿透能力的微波遥感技术，而我国的“嫦娥一号”则使用了微波探测仪，这将是世界上首次在探月卫星上装载微波遥感装置，一旦成功应用将可以实现对月面更为细致深入的探测，并将对所发回的数据进行反演和解析。不过，由于月球远离地球，对月球进行微波遥感探测有很大的技术难度和一定的风险。为确保探测成功并能稳定地发回数据，专家们制定了相应的可靠性方案加强对月球微波遥感的地面仿真研究，在借鉴以往经验的基础上进行技术改进，以确保成功。

“嫦娥一号”发射时间的选择要考虑到光照、太阳入射角、测控条件和轨道限制等因素。发射后，卫星将用8～9天时间完成调相轨道段、地月转移轨道段和环月轨道段飞行。在经过发射、飞行和进入预定轨道等程序后，如何将探测数据传回地面，是工程的技术难题。通俗讲，该工程有三大目标，即“到得了”“转得起”和“传得到”。“嫦娥一号”从起飞到进入目标轨道将多次经过中国上空。如地理位置和天气条件允许，人们有可能用肉眼观测到现代“嫦娥奔月”的情景。

要实现工程的技术领先，就必须要有所创新。在科学研究的征程上，每一个微小的创新都有可能带来连锁性的技术难点。孙家栋组织技术人员反复分析论证，下决心要攻克工程目标中所出现的技术难点。中国航天人正在克服困难、攻克难关，正在坚定地按照自己的步伐向国际航天新时代迈进。

中国探月工程虽然比美国、俄罗斯晚了四十多年，但要在科学上走出中国的创新特色，深化人类对月球的认识，为详细探测和资源开发打好基础，要有所创新，起码要接近或达到目前国际领先水平，同时使成果在国民经济各个领域逐步得到应用。

我国探月工程的实施，实现了高起点、有特色、有创新的设计目标，为开展航天国际合作搭建了新的平台，必将有力地推动我国航天领域的国际合作。在世界掀起新一轮月球探测高潮之际，探月的跨国界合作与交流，为我国在这一领域开展国际合作提供了广阔前景。我国可以利用这一平台开展多层次、多渠道的国际合作，加快我国空间科学和空间技术的发展。

人类登月辛酸泪

孙家栋在研究月球的同时，不仅自己安排了大量时间了解国外登月的事例，而且多次向大家提出要多了解一些国外发展的动向，要求相关技术人员深入分析国外在探月、登月方面的成功经验和失败教训，通过对国外情况的了解增加自我的感性认识。

国外登月历程虽然有许多趣闻逸事，但更多的是艰辛与不幸。

人类对月球的探测始于20世纪50年代末。当时美、苏两个航天大国出于争夺空间的霸权目的，展开了以月球探测为核心的空间竞赛。

1961年5月，美国宣布“在60年代结束之前人类将登上月球，而且要让上去月球的人平安返回地面”，为了完成“阿波罗”登月计划，在18年时间内，美国耗用资金高达250亿美元，先后参加登月计划的人员多达400余万人，其中仅工程技术专家就有1200余名，参加研制的有2万多家工厂、100多所大学。

在其后的十余年里，美、苏两国共成功发射了45个月球探测器，美国曾经先后6次将人送上月球。

然而，人类在探索月球的道路上，虽然取得了辉煌成就，但探月之路并不一帆风顺，不论是美国还是苏联，他们在探月、登月的道路上都充满了艰辛。

1967年1月27日，“阿波罗14号”飞船在飞行中突起大火，3名美国宇航员在飞船内被无情的大火夺去了生命。

1967年4月24日，苏联出于政治目的，为了急于向“五一”献礼，在匆忙之中发射了“联盟一号”飞船。然而，在飞船返回即将回归大地时由于减速用的主降落伞没能打开，回收舱落地后航天员被摔得粉身碎骨。

1969年7月，“阿波罗11号”实现了人类登月之梦开始，月球上留下了12名美国宇航员的足迹。这些活动显示了科学的力量，推动了航天技术的发展，促进了人类对月球的认识。

“阿波罗11号”登月道路并非平坦，简直是险象环生。从发射到返回竟有6次惊心动魄的险情。第一个险情发生在飞船起飞前4小时，当时发射场已经进入倒计时发射程序，而矗立在发射台上运送“阿波罗11号”飞船的“土星5B”火箭却出现了燃料泄漏，而宇航员却对此毫不知晓，所幸泄漏问题得到了解决，火箭终于点火起飞了。第二个险情发生在火箭升空后的48小时，这时的飞船已经安全飞行了20万英里。然而却出现了一个意外现象，宇航员在飞船内看到外面有一个不明飞行物尾随着飞船时隐时现，并且还发现舱内似乎也有神秘的闪光。在没有空气的太空中，飞船出现任何泄露都会发生灾难。当地面控制中心了解了这一情况后告知，这种现象应该是高速重粒子，幸运的“阿波罗11号”没有被重粒子的轰击所破坏。第三个险情发生在飞船进入环月轨道，飞船即将着陆月球那一刻，飞船上的计算机突然出现乱码，接着死机而停止显示。紧急检查后认为是着陆传感器获取的信息超过了飞船计算机的内存，超量信息阻塞了计算机所至。这一问题得以解决，飞船开始降落。然而，第四个险情又悄悄降临。这时显示器上出现发动机燃料严重不足的指示，表明登月舱的燃料只能支持30秒，如果按照往返数量计算，宇航员必须在15秒内登月。而正常情况宇航员完成降落至少需要10分钟，所以宇航员决定立即紧急降落，登月舱得到了安全着陆。第五个险情发生在宇航员准备历史性月球漫步的那一刻，登月舱的舱门竟然无法打开，原来是由于内外压差所致，当宇航员平衡了压力才把舱门打开。然而第六个险情却差点把宇航员留在月球而永远回不到地球。宇航员完成了2小时的月球行走后，偶然在月球的尘埃中发现了一个类似登月舱内电路开关的断裂头。经查，是臃肿的宇航服在狭小的登月舱内刮断了启动发动机的一个重要的电路开关。如果没有这个开关，宇航员将有可能会永远留在月球上。聪明的宇航员使用一支笔头没有金属的圆珠笔接好了电路，成功地使发动机点了火，登月舱具有历史意义地离开了月球返回地球。

7月22日下午1时56分，阿姆斯特朗奉命指挥“阿波罗11号”飞船指令舱离开月球轨道，踏上返回地球的旅途。7月25日凌晨1时50分，“阿波罗11号”飞船指挥舱载着3名航天英雄平安降落在太平洋中部海面，人类首次登月宣告圆满结束。尼克松总统在白宫举行盛宴欢迎3位航天英雄凯旋，3名宇航员所到之处充满了鲜花、鼓声……

1969年7月，美国“阿波罗11号”飞船实现了人类登月之梦，是迄今为止人类在月球探测中取得的最辉煌的成就。

1976年以后，苏联停止了月球探测计划。接着，美国也停止了探月计划。至此，两个超级大国历时十多年的探月竞赛以美国领先而告结束。又过了近二十年，随着冷战年代的结束，学者们逐步披露出一些探月竞赛鲜为人知的秘闻。

然而，近十几年来，随着航天科技的飞速发展和人类对月球认识的逐渐深入，人们意识到月球上蕴含的丰富资源将会对人类的未来发展起到重要作用，在20世纪末，月球探测经过30年的平静之后又一次升温，进入新一轮的热潮。

1986年，美国提出要重返月球、建立月球基地的设想，并在1994年和1998年分别发射了两个探测器。1998年1月发射的以绘制月球表面地形图、分析月球地质结构和寻找月球存在冰或水证据等为目的“月球勘探者”号探测器，于1999年7月完成使命。2004年1月14日，美国总统布什在关于美国载人太空探索政策的演讲中，提出了美国重返月球计划。2006年4月又提出一项撞击月球南极的计划，希望能成功找到月球存在水的证据，以利未来宇航员登陆月球并建立长期基地。计划于2008年10月发射“月球环形山观测与感知卫星”来撞击月球。

对欧洲来说，继2006年9月3日第一个月球探测器“智能一号”圆满完成撞击月球使命后，欧洲还计划未来让宇航员登陆月球并分阶段建立月球基地。欧洲还制定了进行月球和火星探测的“曙光女神”计划，印度也公布了“月球初航”探测计划。

目前，俄罗斯、印度和日本等国也在按照自己所制定的探月方案进行紧锣密鼓的准备。

新的一轮探月热潮必将会掀起一场国际竞争与合作，没有科学技术实力，就没有资格参加真正意义的航天国际合作。我国开展月球探测，可为未来开发月球资源奠定必要的物质技术基础，一旦时机成熟，我国就能直接或间接地参与国际月球资源开发活动，与世界航天同步推进，赶上或超过世界先进水平。

第八章

深空探秘

嫦娥远征

孙家栋、栾恩杰和欧阳自远作为探月工程“三巨头”，他们深知自己在工程中所扮演的角色。正如2006年他们在中央电视台演播室与广大电视观众见面时，主持人向观众做的形象介绍：“今天我来介绍一下现在请到演播室的三位嘉宾，他们是中国探月工程最核心的三位负责人。左边的这位是绕月探测工程总指挥栾恩杰，中间这位是绕月探测工程总设计师孙家栋院士，右边这位是绕月探测工程应用科学首席科学家欧阳自远院士。他们三位所承担的工作，形象地说就是，总指挥管的是绕月工程要做什么？总设计师管的是怎么做？而欧阳院士管的是为什么要做。”

他们非常关注航天事业未来发展的前瞻战略，在航天技术对现代科学带动作用下，探月工程以期实现工程目标与科学目标并重的国家战略。他们按照自己肩上所承担的责任，只要有时间他们就会在一起畅谈，在一起探讨，在一起互相启发。他们的畅谈往往能够撞击出意想不到的火花。很多时候他们也深入研究议论国外登月的情况，他们要把眼光瞄向当今的发展水平，虽然起步晚，但确立的科学目标不能低，中国首次月球探测的成果起码相当于21世纪初美国所得到结果的进一步拓展。

孙家栋和栾恩杰、欧阳自远认为，利用这个机会展开一些必要的宣传不仅能够起到全民科学普及教育、增强人们对航天爱好的效果，而且可以以探月为契机，获得全国人民的支持，从而推动航天产业的发展。他们做了专题研究后，发布了下列七条言简意赅的解释：

第一，出于维护我国月球权益的需要。尽管1984年联合国通过的《指导各国在月球和其他天体上活动的协定》（简称《月球条约》）中规定，月球及其自然资源是人类共同财产，任何国家、团体和个人不得据为己有。但是，当前，主要航天国家和组织正加紧实施月球探测计划。作为联合国外空委员会的成员国，我国开展月球探测，并取得一定成果，才具有履行《月球条约》和分享开发月球权益的实力，维护我国的合法权益。

第二，月球是人类研究宇宙和地球本身的最佳平台。科学家认为，通过利用月面上没有人为改造和破坏的某些本来面目研究月球，了解月球的成因、演变和构造等诸方面的信息，有助于了解地球的远古状态、太阳系乃至整个宇宙的起源和演变，有助于搞清空间现象和地球自然现象之间的关系，可以极大地丰富人们对地球、太阳系以至整个宇宙起源和演变及其特性的认识，从中寻求有关地球上生命起源和进化的线索。

第三，月球是促进科技的进步和发展的重要载体。开发月球是空前艰巨的事业，需要解决一系列难题，这必然会带动诸如大推力火箭、巨型航天器、高速飞行、人工智能、计算机、机器人、加工自动化、精密仪器、遥感作业、通信、材料、建筑、能源等工程技术以及空间生物、空间物理、空间天文等科学技术的突飞猛进。

第四，为开发利用月球资源做准备。据探测，月岩中含有地壳中的全部物质元素，约有60种矿藏。在月球岩土中，具有丰富的氧、铁、镁、钙、硅、钛、钠、钾、锰等物质，初步估计共含有8万亿吨铁。此外，月球上有丰富的能源，尤其是月球上的氦3是地球上所没有的核聚变反应的高效燃料，据估计，在月壤中氦3的资源总量可以达到100万～500万吨，能够支持地球7000年的电量需要。

第五，促进深空探测。月球表面的引力只有地球表面的六分之一，因此，航天器从月球上起飞，可大大节省能源。月岩土壤中氧占40%，可以就地生产推进剂和作为受控生态环境和生命保障系统的氧气来源。硅占20%，可以为航天器制作太阳电池阵，其他金属可以为航天器制作各种部件设备。还可以用月球做中转站，为过往的航天器进行检修和补充燃料。

第六，进行天文观测和研究的平台。月球表面的地质构造极其稳定，月球直接承受太阳的辐射，没有大气层对光线和电波的吸收、散射和折射等干扰，没有尘埃污染，没有磁场，月球的背面没有人造光源和射电的干扰，地震很微小。同时，月球有漫长的黑夜，黑夜温度极低。这种环境为建造高精度天文观测台提供了理想的场所。

第七，推动经济发展。开发月球，可以产生难以估量的经济效益，而且其他技术的二次开发应用，势必促进工业的发展与提升。如美国研制和发射“阿波罗”号载人飞船时，就产生了3000多项专利，带动了高新技术产业的发展，在“阿波罗计划”中，每投入1美元，就会带来5美元的效益。

当然，月球上相当多的状态还属于理论推算或试验预测，真正定性、定量分析尚需要进行实际的科学考察才能得出准确答案，这也是中国开展这项工作的出发点。

在实施月球探测工程的同时，将带动和促进我国基础科学和高科技的发展，将会促进宇宙学、比较行星学、月球科学、地球与行星科学、太阳系演化学、空间天文学、空间物理学、空间材料科学、空间天气与空间环境科学等的创新和发展，这些学科的进展又将带动更多的基础学科交叉、渗透与共同发展。

孙家栋组织相关人员认真分析了国外探月活动的经验教训，

使他所领导的专家和技术队伍胸中更加有底，更加信心十足，虽然地月之间距离遥远以及迄今尚未进行过月球探测活动等因素，但中国的月球探测工程将更多地采用目前世界上最成熟技术。虽然许多技术问题还需要进一步试验和攻关，但经过专家们的多方论证的结果是：中国的探月工程不论是总体还是各系统、各分系统、子系统都已不存在“颠覆性”的技术问题。

孙家栋认为：中国目前已具备拓展航天活动领域的基本条件和需求，开展以月球探测为起点的深空探测是必然选择。过去我们的航天活动都是围绕地球做文章，现在月球探测则拉开了中国深空探测的帷幕。国家决定上马月球探测工程，我们将充分利用成熟技术，大胆采用我们已经具备的当代高新技术，尽可能用最少的投资，在最快的时间里获得月球探测第一手资料，为后续更加深入的探测积累经验。随着月球探测各期工程的分步实施，中国将逐步突破绕月探测关键技术、月球软着陆及自动巡视勘察技术、月球自动采样及地月往返技术，研制和发射月球探测卫星、月球软着陆器和月球车、月球采样返回器，建立并逐步健全月球探测航天工程系统，为未来的深空探测活动奠定技术基础。国家批准工程立项后，探月卫星在远地轨道的控制、紫外遥感月球、接近月球时的减速“刹车”等月球探测关键技术难题，也一定会逐项得到解决。

随着时间的飞快推进，探月工程在稳步进行，在孙家栋的领导之下，总体技术的难关逐项得到了攻克，每一步艰辛后面都显现出了可喜的成果。国防科工委适时召开工作会议，总结、检查、部署探月工程工作。

2005年1月，国防科工委在北京召开了绕月探测工程第二次工作会议，绕月探测工程五大系统二百余名代表参加了会议。会议要求全体人员以高度的政治责任感、使命感抓好这一具有战略意义的工程，要以质量促进度、保成功。航天探测是高技术、高效益，同时也是高投入、高风险的科学活动，积极开展国际合作，是快速提升技术水平、节约投入、分散风险、培养人才的捷径，因此要实施请进来、走出去的战略，推进航天领域的国际交流与合作；最后应通过探月工程的实施培养一批勇于探索的年轻的高科技人才。

2006年3月24日，国防科工委在北京召开了绕月探测工程第三次工作会暨决战动员会。会议提出，2006年将是中国绕月探测工程的决战年，工程五大系统在本年内要具备执行发射任务的能力，要求工程各系统和各参研单位以决战的姿态做好各项工作，采取各种有力措施，确保工程每一个细节设计正确、生产规范、验证全面。要求全系统所有研制、生产和建设人员抖擞精神，严细慎实，努力铺就“嫦娥”飞天路。会上，国防科工委向绕月探测工程五大系统的总指挥、总设计师颁发责任书，并对工程初样研制建设阶段先进个人予以表彰。

随着探月工程各系统按计划进度纷纷完成了任务，探月工程已经接近卫星发射的关键时刻。就在此时，国防科工委于2006年11月18日在北京召开了绕月探测工程五大系统的总指挥、总设计师年度两总扩大会议，孙家栋参加会议并在会上讲话强调："探月工程已经到决战的总攻阶段，设计质量、各种配套产品质量必须严格按照要求进行逐项检查，各个环节的工作绝对不能放松，使设计、生产全部做到百分之百的可靠。越是到了发射的关键时刻越是不能掉以轻心、不能松懈、不能麻痹，除此之外，还要把各个系统的查漏、补遗工作抓好，必须认真地把这些工作落到实处！"

2007年1月29日，温家宝总理、曾培炎副总理来到探月工程研制现场，视察绕月探测工程进展情况，孙家栋参加陪同并进行了汇报。温家宝总理对绕月探测工程提出四点具体要求：一要高度重视，全力以赴；二要安全可靠，质量第一；三要团结奋战，大力协同；四要尊重科学，敢于探索。

孙家栋与龙乐豪院士（左一）在评审会上交换意见

当今世界，航天方面的竞争还是非常激烈的。谁占有这个优势，谁就取得了主动权。孙家栋充满信心地表述了自己的观点："中国航天经过几十年的迅速发展，已建立起一套非常完整的系统，为中国绕月探测工程的实施奠定了充分的技术、物质、人才和管理基础。"

开展月球探测工程，是中国启动深空探索活动的一条可行、便捷之路。我们一定能够圆满完成"绕、落、回"各个阶段的月球探测任务，为中国乃至整个人类积累一笔宝贵的财富。这是孙家栋对中国航天满怀深情的期望，是他内心积蓄已久的心声。

孙家栋认为：当前国际形势对我们有利，怎么样用我们自

2007年11月26日，温家宝总理与孙家栋亲切握手（秦宪安摄）

己的智慧，用自己的能力把我们中国的航天事业发展得更快，这是非常重要的一件事情，也确实是当前一个很难得的机遇。

中国航天经过几十年的发展和几代人的奋斗，在科学技术和人才等方面积累了丰富的经验，为中国绕月探测工程的实施奠定了坚实的基础。随着我国综合国力的持续增强，为中国绕月探测工程的实施提供了有力保证。同时，我国航天技术的飞速发展和一大批科学家的不懈努力，使酝酿了十年之久的探月计划变得切实可行。

探秘月球

2007年10月24日是“嫦娥一号”卫星实施发射的日子。这天上午，大凉山环抱的西昌卫星发射场上空笼罩的阴云密雾，在发射前，从发射场袅袅飘走，阳光普照下的发射场显出新鲜与活力，发射场各岗位人员有条不紊地按预定程序进行着各项发射前的准备工作，中国第一颗探月卫星将在这里按计划发射升空。

“一小时准备！”指控大厅的扬声器里传来调度指挥员的口令。此时，孙家栋面容沉稳地坐在指控大厅摆有孙家栋名字座签的位子上，不时侧过身子小声与旁座的探月工程副总设计师龙乐豪、“嫦娥一号”卫星总指挥兼总设计师叶培建交谈。

“三分钟准备！”这时，指挥大厅所有的人都不约而同地将视线集中到了大屏幕上的运载火箭上。群山环抱的航天发射塔巍峨壮观，坐落在发射台上的“长征三号甲”运载火箭屹立挺拔。火箭在这个时间段有几个非常关键的动作，液氧加注排泄连接器、液氢加注排泄连接器以及若干电信号、供气管路连接器将要实施脱落。所有的监控镜头都对准了这些关键部位。

“一分钟准备！”正常脱落后的供电连接器从火箭和卫星外壁脱落下来的一瞬间，被发射塔架伸出来的长长摆杆带着连接器插头徐徐摆向火箭后面的发射塔架一侧，顶天立地的火箭和卫星挺拔在发射台上即将告别地球。

总设计师孙家栋、副总指挥张建启（右一）、时任中国航天科技集团副总经理雷凡培(右二)在发射现场指导“嫦娥一号”卫星发射

18时05分04秒随着发射调度指挥员那气壮山河的“点火”口令，“长征三号甲”运载火箭喷射出巨大的烈焰，在震耳欲聋的轰鸣声中腾空而起、直刺苍穹，它运载着“嫦娥一号”探月卫星开始了奔月征程。

2007年10月24日运载“嫦娥一号”卫星的运载火箭点火升空

“嫦娥一号”卫星发射成功后孙家栋与沈荣骏（右二）、胡世祥（右一）、栾恩杰（左一）在指挥室

18时29分，“星箭分离！”“卫星入轨！”

北京航天指挥控制中心传来的数据表明，火箭已将“嫦娥一号”卫星成功送入近地点205公里、远地点50930公里、轨道倾角31度的超地球同步轨道，创造了长征系列运载火箭第103次发射和连续61次发射成功的纪录，取得了“长征三号甲”火箭第15次连续发射成功的佳绩。

发射场指挥大厅里，人们激动得全体站立鼓掌，孙家栋瞬时放松了紧绷的神经，但他的眼睛仍然紧紧盯着大屏幕，虽然火箭早已飞出了人们的视线，但他还沉浸在发射成功的喜悦中。

探月卫星“嫦娥一号”发射成功后，孙家栋立即乘坐专用飞机从西昌赶回北京。在那一个多月的时间里，他基本每天早出晚归待在位于北京城北航天城的指挥控制中心，遇到卫星运行的关键节点，他常常昼夜难眠地守候在航天城，他坐在航天室里时刻凝望着“嫦娥一号”卫星运行的数据图，他的大脑紧紧地随着“嫦娥一号”卫星的运行轨迹而移动，他的心随着显示屏上“嫦娥一号”卫星前进的数据跳动而跳动。

“嫦娥一号”卫星发射升空后经过长途跋涉，在地面技术人员的精确指挥控制下，先后经过 1 次远地点加速和 3 次近地点加速，共绕地球飞行 7 圈，逐步将轨道由近地点高度205公里、远地点高度50900公里，调整到近地点高度约600公里、远地点高度约40.5万公里的地月转移轨道。卫星的飞行速度也由星箭分离时的10.33公里／秒提高到地月转移轨道所需的10.58公里／秒。

10月30日17时40分“嫦娥一号”卫星飞行至距离地球约11.98万公里的距离，突破了我国航天器到达的最远距离纪录。

10月31日17时28分，卫星按预定的时间、位置、速度成功进入地月转移轨道，标志着“嫦娥一号”卫星开始进入奔月之旅。

在这成功的欢喜时刻，新华社记者就中国绕月探测工程有哪些创新点和新跨越的问题专门采访了总设计师孙家栋。孙家栋认为：

作为航天工程，创新点不像基础科学。按照我的理解，是在过去取得成果的基础上，进行非常合理的组织、安排，加上一些必要的关键技术，使得这样一个完整的工程用比较低的代价、短的时间，高质量、高水平完成了所制定的工程目标和科学目标，体现了创新点。如果说跨越的话，那是由近到远的一个循序渐进过程。中国航天虽然有几十年的经验，但都是近地飞行的经验。像这次飞行这么远，中间又有这么多复杂问题，终究是第一次，这就需要经过实际来验证我们的认识和设计。比如说轨道设计、轨道换算，不仅要考虑地球对星体运动的影响，还要考虑月球的影响，每个环节都非常复杂。人类对宇宙的探索是无止境的，航天发展到一定基础，必然会提出对深空探测的需求，探测的起点通常是从月球开始，尽管还只是去认知，但却是很重要的。以月球探测为起步的深空探测会给人类，给我们中国航天，给我们的科学家创造了认识世界、认识宇宙的条件。任何航天工程，都是互相联系、有共性的，只不过每个工程有自己具体的目标。这次绕月探测工程的实践创造了一个基础条件，就是中国航天有能力到达月球。假设中国有一天需要有人到达月球，肯定是建立在已经取得的技术包括载人航天的基础上。对于载人登月，还有很多特殊独立的课题需要去解决，比如航天员出舱、航天器对接等。从长远来讲，中国人肯定会到月球上去，但要视实际情况而定。月球探测已有很长的历史，进入21世纪，一些国家制定公布了新一轮的月球探测计划，中国的计划有所不同的地方，就是步伐跨越的幅度比较大。因为国际上开始一般都是向月球发射一个探测器，第二步是直接撞击月球，有了经验以后才环绕月球探测。而中国实施的第一步就是绕月，第二步将要实现在月球着落。要说中国的月球探测计划起点高，还因为我们不仅要到月球，还要马上展开很多探测，把数据传回地面研究。但是，我们现在是处于深空探测的起步阶段，所进行的每一步都会为后续工作打基础，每一步都有它的作用，需要我们一步一步稳固向前发展。

2007年11月7日8时34分，地面指挥人员对“嫦娥一号”卫星成功实施了第三次近月制动，“嫦娥一号”卫星带着中国人的奔月梦想，成功进入经过月球南北两极，周期为127分钟的圆轨道。这之前的三次制动，将“嫦娥一号”卫星从近月点212公里高度、远月点8617公里高度的椭圆轨道调整为高度为200公里的预定圆轨道。至此，“嫦娥一号”卫星从成功发射以来，经过326小时的飞行，顺利实施了4次加速、1次中途轨道修正、3次近月制动共8次变轨，总飞行距离约180万公里，成功进入环月工作轨道。

总设计师孙家栋自豪地说：“我们坚持的自主创新思想，在工程中起到了非常关键的决定性作用。”

工程总指挥栾恩杰说：“中国探月工程可以说是画了一个惊叹号，虽然工程还没有完全完成，但是这个惊叹号画得精彩，现在入轨的精度非常高，完全被月球捕获，中国人首次探月就获得了辉煌的成就。”

工程副总指挥张建启说：“发射前，我们预定的四大目标，第一是在西昌卫星发射场准时发射，第二是发射成功后实现准确入轨，第三是完成高标准的精密测量控制，第四是确保‘嫦娥一号’卫星高难度的绕月。到此刻为止，这四个目标都圆满完成了。”

中国探月工程首战告捷的消息顿时传向全球，立即在国际上引起很大的反响。中国成为继美国、俄罗斯、欧洲和日本之后第五个进行月球探测的国家。

到目前为止，全世界进行过月球探测的美国、苏联/俄罗斯、欧洲、日本、印度和中国这五个国家和组织，总共进行了125次月球探测活动：

其中美国56次，包括10次载人月球探测，成功37次，失败19次，成功率66%。

苏联/俄罗斯64次，成功21次，失败43次，成功率32.8%。

欧洲1次，2003年9月27日“智能一号”用阿里安5号发射成功，2006年9月3日，经过2000多圈的绕月飞行，传回大量月球图像和空间数据后，“智能一号”以每秒2公里的速度，与月球表面几乎平行的1度夹角撞击月球表面获得成功。

日本2次，1990年1月第一颗“缪斯A”卫星、后改名为“飞天号”，在短时间运行后由于器件失效而停止了工作，2007年9月14日第二颗绕月探测卫星“月亮女神”号由H2A火箭在日本南部种子岛航天发射中心升空，成功送入预定轨道。

2008年10月22日，印度“月船一号”探测器发射成功。

中国的“嫦娥一号”卫星首次飞行，首次告捷获得圆满成功。

“嫦娥一号”卫星进入环月轨道后，由巡航姿态转入对月定向工作姿态，星上配置的探测仪器全部开启，开始了对月球的科学探测，地面接收系统对探测数据分析处理后，成功地制作出了清晰的月球图片。中国拥有了属于自己知识产权的第一颗绕月卫星，实现了“准时发射、准确入轨、精密测控、绕月出图”的要求。工程的五大系统经受了全面的考验，同时，培养锻炼和建立了一支新一代的科研队伍。

总理赞赏

2007年11月26日9时41分，国家正式公布了“嫦娥一号”卫星传回并制作完成的第一幅月面图像。温家宝总理为第一幅月面图像揭幕并发表重要讲话。发布仪式前，温家宝等领导接见了有关人员，温家宝总理来到孙家栋面前握着他的手亲切地说：“家栋，你是身经百战啊，你辛苦了！”

2007年12月12日上午，人民大会堂乐曲欢快、灯火辉煌，处处洋溢着热烈、喜庆的气氛。中共中央、国务院和中央军委在这里举行盛会，隆重庆祝我国首次月球探测工程圆满成功。中共中央总书记、国家主席、中央军委主席胡锦涛出席会议并

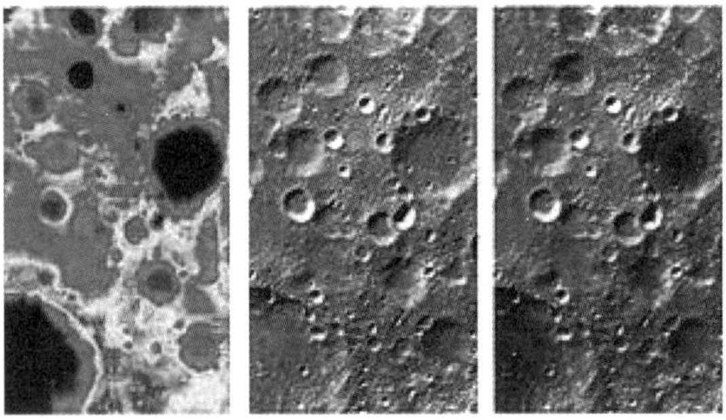

“嫦娥一号”卫星发回迄今最为清晰的月球图片

讲话，中共中央政治局常委温家宝、贾庆林、李长春、习近平、李克强等出席大会。党、政、军、群有关部门主要负责同志，国家机关有关单位，参与绕月探测工程的各系统的代表以及首都各界代表，共5000多人参加了庆祝大会。中共中央政治局常委、全国人大常委会委员长吴邦国主持庆祝大会。10时整，吴邦国宣布大会开始，全体起立，高唱国歌。

中共中央总书记、国家主席、中央军委主席胡锦涛发表重要讲话。

会前，胡锦涛、吴邦国、温家宝、贾庆林、李长春、习近平、李克强等会见了首次月球探测工程突出贡献者和突出贡献单位代表。

胡锦涛总书记走到孙家栋面前表示祝贺与慰问，他握着孙家栋的手亲切地说：“谢谢你！谢谢你做出的贡献！”

38年前，孙家栋在人民大会堂两次参加向周恩来总理汇报中国第一颗“东方红一号”卫星研制、发射准备情况；30年前，孙家栋在人民大会堂参加全国科学大会时，聆听邓小平充满号

2007年12月12日，在庆祝我国首次月球探测工程圆满成功大会上，胡锦涛总书记与孙家栋亲切握手说：“谢谢你！谢谢你做出的贡献！”

召性的讲话，他也在那个大会上做了题为《关于人造卫星的成就及展望》的专题发言；9年前，孙家栋在人民大会堂被授予“两弹一星”功勋奖章，江泽民总书记亲自把奖章挂到了他的胸前；今天，还是在这里，中共中央总书记胡锦涛、共和国总理温家宝与他亲切握手，向他致谢。当孙家栋与总书记、总理眼神对望的那一刻，他又一次感到祖国的伟大、事业的神圣、航天的光荣。

此时，孙家栋端坐在主席台下的正前方，他身披鲜红色加黄丝绸边的有功模范人物绶带，他与共和国最高领导人面对面坐在一起，一拨又一拨摄影记者不停地在他们面前摄影拍照，闪光灯在他们面前闪烁不断，他是今天当之无愧的真正明星。平常总保持低调不愿意出头露面的孙家栋，此时坐在庄严的人民大会堂是那样的开怀、那样的自豪，他的笑容是那么的灿烂。

在“嫦娥一号”卫星顺利完成环绕月球的那一刻，全国的电视观众在电视屏幕上看到了一个被摄影师抢拍到的镜头，当航天飞行指挥控制中心的扬声器里传出“嫦娥一号”卫星成功的消息时，发射现场人员全部从座位上站立起来，欢呼跳跃，拥抱握手，而孙家栋却走到了一个僻静的角落，他悄悄地背过身子、掏出手绢在偷偷擦眼泪，这个镜头令许多人感动。一个年近八旬的老人，一个为中国航天事业奋斗了几乎一生的科学家，在人们喜悦之时躲在僻静处偷偷抹眼泪，是何等的令人感动！从相貌上看，孙家栋属于那种很有亲和力的智慧型人物，很少能看出他有什么大喜大怒的表情。当卫星发射成功时他也没有喜形于色，当工程遇到困难时他也能够泰然处之，给人一种大智若愚的感觉，验证了一句古语“有才而性缓定属大才，有智而气和斯为大智”。

男儿有泪不轻弹。孙家栋不到喜悦时，不到难受时，不到极致时是不会轻易掉泪的。那是孙家栋喜悦的泪水，也是孙家栋对昔日艰难历程获得成果时的泪水。孙家栋在航天发射试验中遇到了许许多多的艰难险阻，都未曾见他掉过眼泪，此时此刻落泪，那是悲喜交加的激动泪水，也是见证中国实现探月工程艰难的泪水。

2007年12月27日，由科技日报社组织，部分院士、多家中

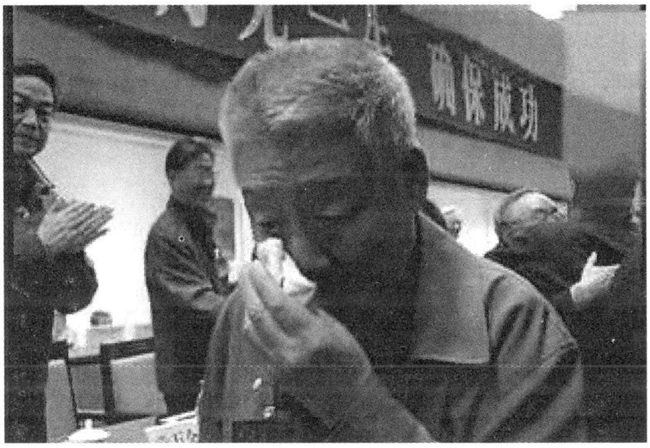

在“嫦娥一号”卫星发射成功的那一刻，指挥中心一片欢腾，总设计师孙家栋背过身偷偷地擦眼泪

央新闻单位参与评选的“2007年国内十大科技新闻”揭晓，中国人实现“嫦娥探月”梦想被评为中国最有影响的十大科技进步之一。孙家栋自豪地对新闻媒体宣称：“嫦娥一号”是完全的“中国制造”！

2008年10月12日，月球探测工程全月球影像图发布暨科学数据交接仪式在北京举行。“嫦娥一号”卫星经过一年的在轨运行和探测任务，获得了大量科学探测数据，科研人员利用星载CCD立体相机获取的探测数据，制作完成了首幅全月球影像图，这将标志着绕月探测工程圆满完成科学探测任务。评审专家认为，这幅月球全图图像数据完整、信息丰富、信噪比高、质量良好，其图像质量和影像制作方面均达到国际先进水平，这也是目前世界上最清晰、最完整的月球影像图，国家国防科工局决定将此月球影像图捐赠给国家博物馆永久收藏。

中国首次探月便获得圆满成功，体现出中国航天工程管理的高水平。总设计师孙家栋对中国绕月探测工程五大系统创新

孙家栋与神舟飞船航天员聂海胜（左）、翟志刚（右）

带来的实际意义非常自豪，他在成功之刻概括性地总结中国探月工程，是以“选择有限目标，突出重点，集中力量，在关键领域取得突破，为深空探测填补空白并奠定基础”为原则，突破了一系列关键技术，这些新的突破又将推动一大批基础科学和应用技术的发展，并在民用领域和国防建设中得到延伸、推广和二次开发，为国民经济建设带来实际利益。探月工程五大系统全部是在中国成熟技术基础上的创新与提高，使用的完全都是中国自己的产品，所以是地地道道的“中国制造”。中国探月工程获得圆满成功后，有一段记者采访孙家栋时的对话，透过对话，人们对孙家栋的内心世界可能会有一些了解或感悟。

那次采访，记者完成了预先要孙家栋回答的对地球、月球、

孙家栋与航天员翟志刚在一起

航天有关问题的提问后，突然像脑筋急转弯似的话锋一转向孙家栋提出了一个新问题，记者问道：

> 孙总，假设我们实现了载人登月，航天员又可以把一件属于您自己的东西带到月球上作为永久纪念，您将会带什么去？

记者为自己高明的提问而得意，当提完这一问题后，记者的脑子飞速闪现了各种猜想：是一张有收藏价值的家人照片，是一张早年有意义的设计草图，是一枚令他自豪的大学时代的奖章，还是一片叶子、一粒种子？记者满怀期待地望着孙家栋，

孙家栋在北京指挥控制中心接受央视记者采访

等待着这位科学家的即兴回答。

结果，孙家栋的答案却完全出乎了记者的预料，孙家栋说：

　　我是这样看的，假设将来真正实现了我们中国人登上月球那一天，每一克的重量都是非常宝贵的，我相信我不会带我自己所希望的东西，肯定要根据我们国家整个事业的要求，来带更重要的东西。你可以看一看我们的“嫦娥一号”卫星，它本身的重量是2350公斤，里面装的推进剂就占到1200公斤。而要把这个飞行器送到月球，它的代价相当大。所以你可以想一想，载人登月每一克的价值是多少。我们绝对会精打细算，每一克都要用得非常有意义。

你问我自己想带什么上去，这个我绝对不敢设想。

孙家栋多年来养成总是以低调来应对各方面对自己的宣传，不论是说话还是办事都像解决工程问题一样的严谨认真，谈技术是这样，谈生活也是如此，就连轻松的开玩笑似乎也保持着严格的逻辑。记者被孙家栋此时的回答所深深感动，作为航天大系统的工程总设计师，他的脑子里装的全部是工程总体，全部是国家的总体利益，根本就没有想过自己的得失，就连假设都“绝对不敢”，记者在此时真正体会到“无私”两个字的含义。

记者此时还是不甘心，于是指着孙家栋面前的月球仪，话题一转像是开玩笑似的对孙家栋说：

既然您说上月球的每一克重量都很宝贵，不能随便带上月球，那您希望以自己的名字命名上面的某个地形吗？这总归不占分量了吧？

因为那个月球仪上标有许多以科学家或者发现者名字命名的环形山。

结果，孙家栋朴实地笑笑：

不敢想，从来没想过。不过自从参与探月工程，现在每天晚上抬头看月亮，那感觉和从前好像是有点不一样了。

就是在这轻松的玩笑中，也不难使人看到他对探月工程取得成功后心中的喜悦和对航天的执着、热爱。

2007年是“嫦娥一号”卫星发射升空的关键性一年，这一年确实也是孙家栋最为繁忙的一年。为了中国的探月工程能够按计划顺利实施，大量的事情需要协调落实，他经常马不停蹄地从一个城市飞往另一个城市，有时一周内竟然能去三四个城市。在“嫦娥一号”卫星发射前夕，孙家栋更是忙得不亦乐乎，两周内他几乎不停息地穿梭于北京—四川—北京—山西—北京—四川。下面从他2007年9月两周内的日程安排中抽取几天的行程便可看出他的繁忙和辛劳：

2007年9月11日，在西昌卫星发射中心召开探月工程总指挥、总设计师会议，听取“嫦娥一号”卫星与发射场准备工作情况汇报。

9月13日，在北京主持召开发射“嫦娥一号”卫星的运载火箭出厂技术评审会，会上孙家栋强调:“要把各项预案工作做好、做细，确保‘嫦娥一号’卫星按时发射！”

9月16日，在太原卫星发射中心主持召开中国与巴西“资源一号”2B卫星发射前总体技术评审会。

9月19日，在太原卫星发射现场参加“资源一号”2B卫星发射任务，发射获得圆满成功。

9月21日，在北京就“嫦娥一号”卫星所肩负任务等问题，接受香港凤凰卫视《小莉看世界》栏目专访。

9月25日，在西昌卫星发射中心主持召开“嫦娥一号”卫星发射前技术评审会……

2007年这一年里，孙家栋10次进入发射场，在发射现场指导参加了5次卫星发射任务，主持及参加了近百个与航天有关的会议，空中飞人似的从北京飞了20多个地方。从9月初“嫦娥一号”卫星进入发射准备状态开始，一直到11月26日卫星出图的近百天时间里，孙家栋几乎全身心地投入到了探月工程的实施中，卫星发射成功后的一个月里，孙家栋虽然人在北京，但心系“嫦娥一号”，天天都坐镇航天飞行指挥控制中心，时刻关注着卫星每个动作的准确性。

老伴魏素萍心疼地说：“他总是天天跑，穿皮鞋太累，我每年光布鞋就要给他买四五双，你说他费不费。”一个78岁的老人，为了中国的探月工程，一年要穿破好几双布鞋，这难道仅仅是几双布鞋吗？这个细节非常令人感动，一年几双布鞋所踏出来的是中国航天精神的拼搏道路，是一个科学家的毅力和情怀。

孙家栋做什么事情都认真，“嫦娥一号”卫星发射成功后的2007年12月31日，孙家栋收到国防科工委月球探测工程中心转来山东省青岛宁安路小学全体师生写给他的信及同学们精心制作的新年祝福贺卡。

孙家栋收到信和贺卡后非常高兴，他认真地给同学们回了信，他在信中说：对学校的老师和同学们关注“嫦娥一号”卫星的情况表示衷心的感谢。希望学校在特色的教学中鼓励同学

“嫦娥一号”发射成功后，青岛宁安路小学寄来的贺卡和信以及各地的祝贺信

们敢于奇思妙想，奇思妙想是创新的基础，这样才能培养出更多爱科学、爱航天的人才，促进祖国科技事业的发展。

早在“嫦娥一号”卫星发射之前，青岛宁安路小学就开展了一项“谢谢您们，我们敬佩的航天科学家！”变废为宝的捐款活动。同学们将家中的废品换成零用钱共计1250元捐给国家航天局，表达他们对航天工作者的敬佩之情。同时全校少先队员和老师送来全体签名的红领巾和学生制作的“奥运五环承诺圈”，寄予同学们对“嫦娥探月工程”的祝福，希望“嫦娥工程”取得圆满成功，早日实现祖国登月之梦。现在，学校在新春佳节后的开学典礼上，提出要铭记老科学家孙家栋的厚望，以孙家栋的来信，开展“培养学科学爱科学之风，迎科技奥运，做有志少年”，为

青岛宁安路小学铭记孙家栋的厚望

祖国航天事业、为祖国繁荣富强而学习的活动。时过两年，2009年8月18日，情系青岛宁安路小学的孙家栋向该校邮赠了《星系我心》一书。该校校长刘晓燕收到赠书后立即回复：全校老师和同学们衷心感谢孙老，这是开学之际最好的礼物。我们会在师生中传看，以学习老科学家为祖国航天事业奋斗的精神，教育孩子们了解祖国航天发展史，培养他们的爱国情感。同时祝孙老身体健康。

2008年7月5日，由《科学中国人》杂志社主办的科学中国人（2007）年度人物评选工作在北京友谊宾馆贵宾楼揭晓，共有包括孙家栋在内的35位科研工作者、科教管理人员以及科技型企业家当选。

孙家栋在这次评选活动中被评为“科学中国人（2007）年度人物”，给他的颁奖词为：曾经的红衣少年，如今的白发先生，四十载航天岁月谱华章，他与同事们，在茫茫星空中镶嵌了30颗中国卫星。如今，他更以儒将之风，挂起绕月工程之帅印。

孙家栋在这次评选活动中还被评为“科学中国人（2007）年度人物特别奖”中的“最受公众关注奖”，写给他的颁奖词为：他是“两弹一星”功勋科学家，从“东方红一号”在九天之外向世界宣告——古老的民族跨进太空时代起，他就和造“星星”结下了不解之缘。他说，他的心愿就是要造一辈子的中国“星”！

2009年3月1日16时13分10秒，“嫦娥一号”探月卫星环月飞行11500余小时，累计飞行5514圈，圆满实现工程目标和科学目

2008年2月，青岛宁安路小学的同学们争相阅读孙家栋爷爷的回信

标，超期完成绕月飞行的神圣使命，在地面操作人员的精确控制下，准确受控撞击在月球东经52.36度、南纬1.50度的指定位置，为我国探月一期工程画上圆满的句号，为月球探测后续工程积累了技术和宝贵的工程经验，为后续深空探测奠定了坚实的基础。“嫦娥一号”探月卫星上天后的494个日日夜夜，卫星的运行状况始终牵动着孙家栋的每一根神经，“嫦娥一号”不仅完成了国家对探月工程的计划要求，带动了国家科学技术相关领域的发展，更是充分证明了我们强大的祖国拥有进入外太空的能力。

2010年10月1日，西昌卫星发射中心万事俱备，又一次迎来发射任务。18时59分57秒，搭载着“嫦娥二号”卫星的“长征三号丙”运载火箭在发射台上点火升空。这天是中华人民共和

2007年6月，青岛宁安路小学的同学们阅读探月书籍

2007年6月青岛宁安路小学的同学们观看“嫦娥一号”卫星宣传展板

国建国61周年国庆日，全国人民都在享受国庆长假的休息日，而孙家栋与他的航天同事仍然奋战在卫星发射现场的第一线。此时，坐在发射现场指挥控制中心指挥席的孙家栋，眯缝着眼睛紧盯着显示屏上的数据。当发射成功，卫星准确入轨的指令传来，孙家栋与身边的领导和同事们会意地一笑，此时无声胜有声，那会意的一笑就是最轻松、最喜悦、最好的祝贺。

“嫦娥二号”卫星的发射成功，揭开了中国探月工程二期计划实施的序幕。“嫦娥二号”卫星在轨飞行历时8个月，圆满完成环月飞行的各项任务，获取了大量完整而清晰的月球信息，于2011年6月9日下午4时50分05秒在地面操作人员的准确控制下，卫星飞离月球轨道，飞向150万公里外的第二拉格朗日点进行深空探测。孙家栋说，“嫦娥二号”卫星最为重要的任务是能够准确到达预定的区域，也就是地面指向哪里卫星就飞向哪里，这个目的已经圆满完成。而“嫦娥二号”完成绕月探测任务后，还有一项主要任务就是检验深空探测的能力，为以后进行火星或其他深空探测任务奠定基础，积累和掌握我国自有的数据资料。

截至2012年12月13日，嫦娥二号卫星已经飞至距离地球大约700万公里以外的遥远深空，以每秒钟10.73公里的相对速度，与国际编号4179的图塔蒂斯小行星仅仅相距3.2公里擦肩而过，这是中国航天器飞越地球距离最远的一次飞行，不仅首次实现了中国对小行星的飞越探测，交会时“嫦娥二号”卫星上装载的监视相机对小行星完成光学成像并及时发回地面，而且首次实现了国际上从未对这颗小行星的近距离探测。同时，也完成了包括测量、控制、信息获取、数据传输等一系列我国从未进行过的试验。至此，“嫦娥二号”卫星各项试验取得圆满成功。

尽管孙家栋每天的日程排得满满当当，但他天天都在关注着“嫦娥二号”卫星的工作状况，一有时间就会了解最真实的第一手情况。当他听到一个又一个成功的信息后，虽然面部表情仍然还是那般沉稳，其实内心蕴藏着的喜悦早已让他充满兴奋、激情和宽慰。这股喜悦饱含着他对参加探月工程所有人员的深深感谢和敬意，饱含着他对祖国航天事业取得又一重大成果的深厚感情。

自苏联1957年发射第一颗人造地球卫星以来，到目前已有30多个国家共将8000多颗卫星送上了太空，每天有2000多颗卫

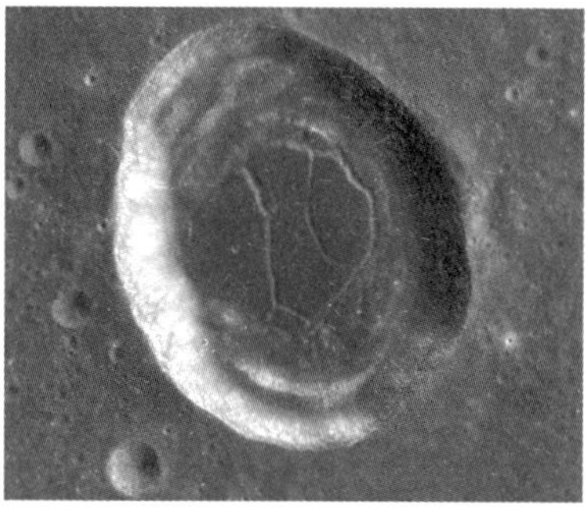

“嫦娥二号”探月卫星拍摄的月球表面图

星在环绕地球运行。俄罗斯航天理论家齐奥尔科夫斯基早在1903年就曾断言：“地球是人类的摇篮，但人类不可能总是生活在摇篮里。”自1961年苏联宇航员加加林冲出地球进入太空后，共有350多人尝试了空间飞行，这之中写入了中国的杨利伟、费俊龙、聂海胜、翟志刚、刘伯明、景海鹏、刘旺、刘洋的名字。

中国航天事业已经走过了50年的历程。航天技术快速发展，高技术，新成就不断相互促进、相互推动，各种卫星、航天器及应用系统已经成为国民经济发展和人民生活不可缺少的设施。人类已经把生活领域和生存空间扩展到了地球以外的近地空间。冲出地球，探索宇宙既是国力的体现，也是和平的象征，既是人类的向往，也是生存的追求，同时也是航天技术发展的必由之路。

第九章

北斗导航

卫星定位

早在20世纪90年代初，孙家栋就意识到国家发展卫星导航定位系统的重要性，他与时任国防科工委副主任沈荣骏中将探讨这一问题时，两人竟不谋而合都正在思考着这一对国家安危具有重要意义的课题。这两位具有强烈责任感的时任主管部门领导敏锐地分析后认为，一个快速发展的强大国家，拥有自主知识产权、独立自主控制的卫星导航定位系统，对国家安全、对军队保障非常重要。它的价值和利害关系是无法用普通数字衡量的，对民间应用市场的经济价值在当时也是无法准确估算的。为此，沈荣骏与孙家栋就联名致信中央军委委员、总装备部时任部长曹刚川，阐明了他们对国家发展卫星导航系统重要意义的分析以及实现方法和途径的建议。曹刚川对此予以高度重视和支持，有效地推动了中国卫星导航系统工作的开展。沈荣骏与孙家栋的建议虽然在当时的学术界也引起不同意见和争议，但随着论证的深入，争议的焦点也逐步明确，为工程实施起到了积极作用。

中国北斗卫星导航系统（BDS——BeiDou Navigation Satellite System），是中国自主建设、独立运行，与世界其他卫星导航系统兼容共用的全球卫星导航系统。系统建成投入运营，可在全球范围内全天候、全天时，为各类用户提供高精度、高可靠的定位、导航、授时服务。系统由空间段、地面段和用户终端三部分组成。空间段包括5颗静止轨道卫星和30颗非静止轨道卫星。地面段包括主控站、注入站和监测站等若干个地面操作控制站组成。用户终端由北斗用户终端以及与美国全球定位系统、俄罗斯格洛纳斯系统、欧洲伽利略系统等其他卫星导航系统兼容的终端组成。

1994年12月，孙家栋被任命为“北斗导航试验卫星”工程总设计师，系统的研制、建设全面启动。2000年随着第一步计划的顺利完成，工程由第一步的试验阶段正式转入第二步应用实施阶段。2004年5月，孙家栋被正式任命为“北斗第二代导航卫星”工程总设计师。孙家栋指出：“全球卫星导航系统已成为经济社会不可或缺的空间信息基础设施，它将惠及人类生活和经济发展。”

战略上宏伟、超前，战术上细致、缜密。孙家栋从北斗工程一开始就紧紧盯住卫星网络和用户终端市场同步协调与相互促进，他就是这么一个拿得起、放得下，具有大智慧的人。

在北斗导航卫星工程建设期间，孙家栋始终按照国家科技重大专项发展战略，把握各系统间的协调性、前瞻性和科学性，在完成眼前每一项具体工作的同时，尽可能地为后续发展留有充分空间。孙家栋用以下三点来概括具有中国特色的北斗导航系统：第一点，发展这样一个大型的工程，从它一起步就要确立三步走发展战略规划，既结合当时的实际情况，又要有

孙家栋（左一）在发射塔架上，听取北斗工程卫星总设计师谢军（中）汇报卫星测试准备情况

一个长远的目标。第二点，有一个非常重要的中间环节，那就是建设区域导航系统，这是我们的一个非常大的特色。世界上各个国家、各组织，美国也好，欧洲也好，俄罗斯也好，一开始就是全球的，当然他们是根据他们国家的经济建设特点来确定的。第三点，北斗有一个短报文通信功能，非常巧妙地把导航定位和信息传递这两个功能结合起来。执行任务过程中定位者和指挥者之间变被动联系为主动联系，这个效果是非常好的。

针对今后北斗导航卫星工程的发展，孙家栋指出："国家投入巨资，建起北斗导航卫星网络，现在向亚太地区，将来向全球发送免费信号、提供免费服务，而可望回收效益的终端接收设备市场如果被国外抢占了，那将是我们很大的失误。形象点说，也就是我们免费提供的网络和信号，却让别人赚走了大把大把的钱。一定不能出现这种状况，一定要想办法在未来终端产品环节投入更多力量，要花大气力研究开发全球不同情况、不同状态的终端接收设备和产品，这个问题从工程实施一开始就应当给予高度重视。"

目前，第二步的目标已经实现。然而，从现在起到2020年，仅仅只有8年时间，孙家栋勉励年轻一代首先要树立信心。要认识到，在如此短的时间内建成全球系统，不仅需要精锐的科技人才队伍，需要强大的资金支持，而且需要克服和解决许多系统间可能出现的问题。

新安装的北斗卫星水情自动测报设备

惊心动魄

北斗卫星的每次发射都牵动着总设计师孙家栋的心。2000年10月31日，“长征三号甲”运载火箭将第一颗北斗导航试验卫星发射送入地球同步轨道。仅仅时隔50天，2000年12月21日，第二颗北斗导航试验卫星也用“长征三号甲”运载火箭发射送入地球同步轨道。至此，标志着我国将拥有了自主研制的第一代卫星导航定位系统。这个系统能够全天候、全天时提供卫星导航信息，主要为公路交通、铁路运输、海上作业等领域提供导航服务。这个系统的投入使用，不仅可以满足国内卫星导航需求，对我国经济建设起到积极推动作用；而且使我国成为继美、俄之后世界上第三个拥有自主卫星导航系统的国家。

2003年5月25日和2007年2月3日第三颗和第四颗北斗导航试验卫星相继发射升空，作为第一代卫星导航轨道替补和备份。

国家总体实力的提升和航天产业的快速发展加速了北斗导航系统的建设。自2007年4月14日第一颗北斗二代卫星发射升空，至2012年10月25日，在短短的5年内便将16颗卫星全部布置

孙家栋（左一）在发射塔架上，听取火箭总设计师姜杰（中）汇报火箭测试准备情况

在广袤太空的预定轨道。

2010年一年间便有5颗北斗导航卫星成功发射。

2011年8个月间又有3颗北斗导航卫星在太空安家落户。

2012年的8个月内更有6颗卫星在太空开始了为亚太地区的造福行动。8个月内四次发射，其中两次都是采用一箭双星的发射方式，发发成功。

说起北斗导航卫星系统的建设历程，说到北斗导航卫星的发射，孙家栋如数家珍，慈祥、兴奋的面部一副兴高采烈、喜上眉梢的表情。

然而，每一次重大节点跨越的历程都有无数的艰难险阻，每一次成功的背后都会出现惊心动魄的历练。这一次次艰难险阻和惊心动魄的降临都难以预料，都不以人的意志为转移，不仅是对所有研制、试验人员的考验，更是增添了孙家栋这位总设计师肩上的重担和责任。

2007年2月3日子夜，这个钟点正是人们生物钟昏昏欲睡的时间，但孙家栋肩上的北斗重担已悄悄地将他身体的睡眠生物钟调整为兴奋状态，坐落在发射台上的“长征三号甲”运载火箭、火箭顶端的第四颗北斗导航试验卫星以及一直延伸到太平洋的测量控制系统全部进入发射前的紧张状态，孙家栋的精神虽然兴奋，但他的心底却很沉稳，因为火箭起飞前地面所有重要的技术状态检测结果和疑点他做到了胸中有数。当然，火箭发射不论是孙家栋，所有参加发射任务人员的内心都不可能轻松，科学试验总有人们经验不足、状态不同、认识不到的偶然情况。零时28分，火箭托举着卫星起飞了。约24分钟后，星箭分离，西安卫星测控中心传来的数据表明，卫星准确进入预定轨道。这是中国航天2007年的第一次卫星发射，也是“长征”系列运载火箭的第95次飞行。

但是，当人们还未从发射成功的喜悦中平静下来的时候，西安卫星测控中心技术人员分析测量数据发现，卫星发射入轨后不久，卫星上的太阳能帆板出现故障，造成卫星失去控制，卫星消失在茫茫太空之中。此时卫星所处太空环境温度在-100℃左右，没有电能，卫星内部的加热设备不能正常工作，卫星内部不能维持必要的环境温度，卫星极有可能会被冻坏，失去动力的卫星能否经受住复杂而恶劣的太空环境考验！

孙家栋的大脑神经一下子紧张起来，他立即召集科研人员分析研究，随即按照讨论的决策着手地面模拟试验。

科研人员计算推断，卫星按照目前的巡航状态，大约10天左右时能够使已经展开的太阳能帆板具有一定的太阳光入射角，卫星若能利用这点太阳光入射角获得一定能量，地面便有可能接收到卫星上发来非常有价值的遥测数据，这样便可以根据实测数据模拟卫星在轨状态，准确制定卫星的抢修和恢复方案。

时间在人们焦急等待中一天天过去，奇迹在此时发生了！远望号测量船在对卫星的严密监测中率先接收到卫星传来的遥测信号，接着，有关测控站也相继收到卫星的遥测数据。与人们捉迷藏似的消失了十几天的卫星，重新回到科研人员的掌控之中。此时正是中国传统春节的除夕，孙家栋率领科研人员顾不得春节假日，很快根据卫星的实测数据制定出抢修实施方案。航天研究所的科研人员与西安卫星测控中心的科技人员紧密配合，测控站严密监测，及时提供技术数据，科研人员立即进行地面模拟验证、状态复查。科研人员也很快发现，由于此时卫星所处轨道每天都在下降，他们及时将这一情况向工程总设计师孙家栋做了汇报，孙家栋果断决定提前对卫星实施发动机点火变轨。

西安卫星测控中心接到命令后，向卫星首次发出了发动机点火指令，卫星接收指令正确，准确完成变轨，成功进入新轨道，避免了卫星坠入大气层的危险。

4月11日，经过航天科研人员与西安卫星测控中心60天的联合奋战，他们攻克多项技术难关，第四颗北斗导航试验卫星故障已被排除，卫星运行姿态良好，星上仪器工作正常，已转入在轨长期管理。中国航天人又一次创造了奇迹！孙家栋疲惫的脸上又一次露出慈祥的笑容。

2007年4月14日发射第一颗北斗导航卫星时，是中国长征系列运载火箭的第97次飞行，到2011年7月27日发射第九颗北斗导航卫星时，已经是长征系列运载火箭的第141次飞行。中国航天在短短4年间就成功发射了44颗不同种类、不同型号的应用卫星，这在国际航天史上当属领先。但是，高密度、常态化的卫星发射，对航天科技人员的考验也将更高、更严。孙家栋感慨道："自我国实施载人航天工程之后，对整个航天系统产品质量的提高、协调合作等有着非常大的帮助，这对北斗导航卫星工程的建设起到非常大的作用。载人航天工程因为关系着航天员的生命安全，所以对系统可靠性要求非常高，进而带动了整个航天系统的产品质量提升，对导航卫星工程的技术可靠性也起到了促进作用。从这点也可以看出，载人航天工程实施的意义是非常重大的。但卫星发射数量的增加，也绝对增加了广大科技人员的压力。”

孙家栋担任中国北斗导航卫星工程总设计师以来，在西昌发射现场参加组织指挥了14次北斗卫星发射，每次发射至少要亲临西昌卫星发射现场两次。自2007年4月14日发射第一颗北斗导航卫星以来，在短短5年多时间里，为了北斗导航卫星工程运载火箭、卫星、发射场、测控通信、地面应用这五大系统间的技术难关协调，测试疑点分析协调，研制进度协调，技术状态协调，技术变更协调……作为工程五大系统总总师（五大系统中每一个分系统都有总设计师，孙为工程总设计师统管五大系统的总设计师，人们习惯称其为总总师），每当大的工程计划实施中大的节点，他都会亲临现场。在此期间，他从北京飞向这里、飞往那里，单纯前往西昌指挥、决策“通信卫星”“气象卫星”“北斗导航卫星”“探月卫星”等数十颗卫星发射，空中飞人似的在空中穿梭飞翔足足超过100次。如果西昌机场举办年龄最大、进出最多乘客的评选活动，孙家栋绝对可被评为“冠军”“榜首”“第一名”！不过，要说第一名，孙家栋的第一名可就太多了。

孙家栋频繁进入卫星发射中心，卫星发射让他与发射中心

孙家栋（右二）在卫星测试现场，听取卫星总指挥李长江（左二）汇报卫星测试情况

结下了深厚的感情。发射场的领导和技术人员认为孙家栋既是总设计师，也是忘年交朋友，既是老师，也是领导，更重要的一点，孙家栋是当今中国航天界泰斗级的科学家，他在发射现场坐镇，大家心里更为踏实。

2011年7月27日，中国第九颗北斗导航卫星按计划执行发射任务。凌晨4时，离预定发射时间已经不足两小时，火箭已经进入不可逆转的倒计时程序。但此时发射场漆黑的夜空乌云低沉，伴随着闪电袭来的滚滚雷声一阵阵划破发射场上空，滂沱大雨从黑压压的空中向发射场倾泻。孙家栋与西昌卫星发射中心主任李尚福、党委书记孙保卫在发射指挥控制室紧张地等候“老天爷”出现转机。作为发射中心的最高领导，孙家栋非常相信

孙家栋（左二）在卫星测试现场检查指导卫星测试

他们的决策指挥能力。西昌地区极为复杂的气象条件，尤其雷雨季节的恶劣天气严重制约了发射任务的实施，而2011年连续7次频繁发射却回避不了这个雨季难关。发射场等待发射的火箭、卫星，航区数个测量控制站以及远在太平洋的航天测量船全部随着标准时钟每一秒、每一秒倒计时递减。怎么办！

天上顶着雷声和暴雨！

倒计时！

发射窗口！

不可逆！

这既是一种历史的考验又是一个现实的重任，千斤重担沉甸甸地压在发射指挥室的各位指挥决策者的头上，更是压在发射中心主任李尚福的肩上。李尚福虽然面部沉稳，但国家的大型航天任务让他内心异常沉重。当发射中心主任的眼神与总设计师的眼神相对的一瞬间，却有一种倍增的互相鼓舞。

此时，气象部门送来发射场上空的实时云图，训练有素的气象专业人员向李尚福汇报，根据雷电云层的变化趋势和移动速度，两大云团大约在 5 点到6点间会在发射场上空产生一个缝隙。李尚福的大脑瞬间快速运转，他凭借在西昌发射场30年参加指挥70次发射任务的经验和科学的判断，语调不高但沉着而果断地下达进入发射程序的命令。尽管发射控制室外雷声依然隆隆作响，大雨噼里啪啦倾泻而下，但发射场各个岗位井然有序。阴沉的清晨正是人们梦乡时刻，而孙家栋和他身边的指挥人员大脑高度紧张，个个精神十足。

5时44分28秒，指挥员一声“点火”号令，“长征三号甲”运载火箭在稀稀拉拉的雨水中喷出耀眼的烈焰，这条呼啸的火龙托举着中国第九颗北斗导航卫星从两块雷电积雨云的缝隙中神话般地稳稳升空，片刻，两块云团汇集一起又是雷声大作，暴雨狂倾，但火箭已经穿过云端愈来愈快地向太空预定转移轨道飞驰。发射任务获得圆满成功。

卫星发射受诸多原因影响设定的发射窗口是人们熟知的，但在发射窗口内抢占雷电窗口则闻所未闻，在雷电间隙成功发射卫星，在中国乃至世界航天史上也是难以想象的。美国“发现号”“奋进号”航天飞机因为天气原因曾数次推迟发射。

2010年12月28日欧洲“阿里安5号”火箭在法属圭亚那库鲁

发射场由于天气原因而被迫推迟……世界航天发射史上由于气象原因导致发射失败的先例屡见不鲜。航天气象专家曾告诫，快速升空的航天器在雷雨中飞行被雷电击中后果不堪设想，而下落的雨滴如同出膛子弹般的强大威力对航天器也会造成致命损害。航天发射牵一发而动全局，敢在恶劣气象条件发射必须具备绝对的科学判断和万无一失的决策能力。此时坐在西昌卫星发射中心指挥控制室指挥席中间位置的孙家栋，他环视指挥控制室四周的每位参加发射的指挥人员，内心格外激动。

发射任务结束后，李尚福说："面对高密度发射，针对变幻万千的发射状态，我们发射中心必须做到稳中求快不盲动，快中求稳不出错。"大家惊叹这近乎哲学家的理论出自于这位发射场高级指挥员口中。李尚福以非常自信的表情沉稳淡定地说："卫星发射本身就是辩证关系的实践，国家正在加紧创新型建设，发射场也必须跟上国家发展的时代步伐，单纯跟踪国内外先进技术已经不能满足我国可持续发展对航天发射的要求。发射场虽然地处深山，但我们的目光瞄准的是国际航天发射先进技术的前沿，我们把航天技术牵引和带动作用延伸到了发射中心的各个领域。虽说每次发射都有惊心动魄，但我们要必须做到遇事不惊，临危不乱。因为每次发射都代表着国家利益，代表着民族形象，我们的每一次发射成功都是对国家整体科技实力提升的贡献。"

又一次发射任务后，李尚福在发射场幽默地说："我在发射场工作的30年间，西昌发射场总共实施了70次发射，我参加了西昌卫星发射中心的所有发射任务。到目前为止，我还从来没有在室外亲眼目送火箭的真实起飞，从来没有在外面亲耳听过火箭点火的轰鸣声。”

的确是这样，发射场奋战30年如一日，火箭起飞70次如一次，身在发射场，坐在火箭旁，却没有在室外看过火箭起飞，没有亲耳听过火箭轰鸣。这一点孙家栋体会更深，他见证了中国航天55年的全部发展历程，他同样也没有在室外看过火箭起飞，没有亲耳听过火箭轰鸣。因为每次发射，他们的岗位都在掩体、在山洞里的发射指挥控制室，他们只能通过电视图像、通过扬声器指挥发射。这种待遇绝对不是一般人能够享受到的。指挥卫星发射而不能亲眼所见火箭飞天，这绝对是发射场射天人的一种特殊待遇。

“确保发射成功”是发射中心一班人努力的方向、目标的追求，所取得的辉煌成就孙家栋的心里最清楚。

成功已成为过去，每一项关键性的举措都意味着责任和风险同在，“准时准点发射”“零窗口”“零缺陷”“零故障”是西昌卫星发射中心保证成功的又一管理思路。在发射任务每个环节实现组织指挥零失误、技术操作零差错、设备设施零故障、任务软件零缺陷、数据判读零遗漏，使发射中的每个步骤都有章可循，有据可依。

西昌卫星发射中心一班人在发射任务中的出色指挥决策能力令总设计师孙家栋十分欣慰。情系发射场、魂系卫星发射是每一个深山沟走出来的射天人内心的秘密。30多年前，自国家确定在西昌卫星发射中心发射我国自主研制的通信卫星开始，气象卫星、外国通信卫星、探月卫星、北斗卫星，孙家栋进出西昌数百次，他也见证了西昌射天人这个特殊的行业一批批人走出去，一批批新人开进来，前赴后继成就着伟大的航天发射事业。当年西昌第一次执行卫星发射任务时，那批来自全国高校近400名大学生如今还从事这项工作的早已所剩不到10人。在发射场的火箭下，航天测量控制国际合作专家、高级工程师张授动情地透露："1973年他随山东籍1500名热血青年乘坐铁路闷罐子专列，翻过一座座大山，穿越一个个隧道，由齐鲁大地驰往这块神秘的山沟，为西昌卫星发射场的建设挥洒汗水，留下了不可磨灭的功绩，而目前还在这个领域工作的仅剩五百分之一的三人。"张授不论是在西昌、在洛阳还是在北京，几十年如一日，为了卫星、火箭的测量控制，为了承揽外国航天发射的测量控制站建设以及航天测控国际合作，足迹踏遍北美、南美、欧洲、非洲、东南亚数十个国家。这位从西昌走出来的山东大汉为人厚道、性格耿直，在航天测量控制这个工作岗位上兢兢业业、认真负责、心细如丝，深受大家赞扬。孙家栋从西昌第一次发射卫星开始，亲眼见证了这里射天人的艰苦创业和发展历程，他与发射场情系情、心连心，更是结下了深厚的情谊。当孙家栋目睹火箭升空那一刻，从他双眸中迸发的便是他与射天人割舍不下的发射场情结。孙家栋看到西昌射天人正以新的历史起点，以世界一流现代化航天发射中心为奋斗目标，站在当今航天科学领域的制高点，扩展思维、开发潜能、与时俱进，不断取得了一个又一个辉煌成就。他深深感到，国家的实力促进了航天事业的快速发展，高密度的航天发射锻炼和造就了一代技艺高超的航天发射高级指挥决策者和卫星发射队伍。

卫星发射险象环生，几乎每次发射都会出现意想不到的问题，在以分秒计算的紧要关头，任何细小的问题都会涉及整个发射的成败。

2003年5月23日，第三颗北斗导航试验卫星发射前一天推进剂加注时，加注系统软件突发故障，加注被迫中止；发射进入射前倒计时3小时准备时，控制系统又突然显示线路有漏电现象！险象重生的危急关头，技术人员凭着练就的过硬功底，转危为安，确保了发射获得成功。

2007年4月14日凌晨 4 时07分，“长征三号甲”运载火箭托举着我国第一颗北斗导航卫星矗立在发射台上等待点火升空，正在此时，测试人员报告，火箭上一个供气连接器未按规定脱落！这时距火箭点火程序只剩4分钟，若在3分钟内不能脱落，火箭、卫星乃至整个发射场都将面临灭顶之灾。千钧一发之刻，发射指挥员临危不乱，1分钟内连续下达7道口令，相关岗位人员密切配合、准确操作，故障排除了， 4 时11分火箭准确点火升空，卫星发射又一次获得成功。

2012年4月30日，北京时间凌晨4时50分，中国首次采用一箭双星的方式将第12颗和第13颗北斗导航卫星同时发射到太空预定转移轨道。这是中国北斗卫星导航系统首次采用一箭双星方式发射导航卫星。

时间仅仅过去四个多月，2012年9月19日，北京时间凌晨3时10分，又采用一箭双星方式，成功将第14颗和第15颗北斗导航卫星送入太空预定转移轨道。以这种方式发射，是中国卫星发射史上真正意义的一箭双星发射，技术烦琐、环节复杂，不论是对火箭、卫星、发射场，对测量控制更是严峻的考验。发射圆满成功标志着我国火箭、发射、控制技术的日臻成熟。

艰难险阻，一个个排除！

惊心动魄，换来一次次成功！

这仅仅是频繁发射中的少数几个事例，但足已看到航天发射的惊心动魄，孙家栋这位耄耋之年的总设计师全部都在发射现场。他在发射场与大家共同奋斗，排除一个个艰难险阻，换

2012年4月30日凌晨北斗卫星发射前夕

来一次次发射成功。孙家栋觉得到了发射场就如同回到了家，而发射场的科技人员更觉得孙家栋像一种精神、像一面旗帜激励着射天人创造一个又一个奇迹。

坐镇发射

自2000年10月31日发射第一颗“北斗一号”试验卫星开始，至2007年2月3日共发射了4颗北斗导航试验卫星。这4颗试验卫星在空中进行了充分的理论及实际验证，取得了完整的技术数据和工程经验。

从2007年4月14日发射第一颗北斗导航应用卫星至2011年12月2日，太空中已成功地布了10颗中国自主知识产权的北斗导航应用卫星，中国已初步具备了北斗卫星导航系统运行的能力。

2011年12月27日，北斗卫星导航办公室正式宣布向用户提供试运行。自此，北斗卫星导航系统建设即转入与应用推广并举的新阶段。并且逐步展开交通运输、气象、渔业、林业、电信、水利、测绘等应用领域的试运营。孙家栋抽出大量时间马不停蹄有针对性地前往有典型意义的使用北斗导航卫星的单位和企业。当他看到试运行服务以来，系统运行稳定，服务性能不断提升的现实，心底流露出一阵阵喜悦，当他看到北斗卫星导航系统定位精度平面实现10米，高程优于15米，测速精度达到0.2米/秒，授时精度50纳秒的测试数据，已经产生了显著经济效益和社会效益时，更增强了他对整个工程正确性的信心，

孙家栋（中）检查指导北斗星通海洋渔业安全生产运营中心的北斗系统工程应用情况

也更加增添了对后续发射任务的压力和动力。他深知，即将发射升空的第16颗北斗导航卫星的成功对提升系统服务性能，扩大服务区域非常关键。这次发射也关系到中国自主设计、研发、空间布网、地面运营管理的阶段性检验，发射成功，将会顺利实现导航卫星向亚太大部分地区提供正式服务。

2012年10月25日，西昌卫星发射中心正在按计划实施北斗导航卫星发射任务。

这是2012年中国北斗导航卫星的第4次发射，也是西昌一年内连续发射的第6颗北斗导航卫星，孙家栋这位83岁的科技老人，9个月内为了卫星发射任务，已经7次进出西昌卫星发射中心。

孙家栋凭借几十年的航天工程经验，凭借几十年领导岗位练就的对航天工程敏锐娴熟的洞察力和祥和、果断的人格魅力，总是能在关键时刻找到关键问题所在，提出解决疑难问题的关键方法。

为了工程按计划实施，为了系统间互相不拖后腿，不影响工程整体进度，孙家栋倾注的心血令所有工程参与者有目共睹，令航天界数十万科技工作者钦佩。在担任北斗导航卫星工程总设计师的18年中，他的陈旧性腰肌劳损屡屡犯病，剧烈的疼痛常常让他步履艰难；他大脑供血不足的毛病每当疲劳至极便会出现头晕目眩，那种天旋地转的感觉让他难忍；他出现的皮肤瘙痒症令他不思饮食、夜不能寐，被紧急送往医院后使用激素控制了病情，拔掉输液针头从医院急忙赶往飞机场飞向西昌卫星发射场……这之中的辛酸苦辣孙家栋内心清楚，周围的同志们更清楚。但每每谈到这些，他说得更多的却是对同志们的感谢、赞赏和鼓励，表现出的却多是疑难问题得到解决的兴奋和发射成功的喜悦。

22点33分，西昌卫星发射中心指挥控制大厅内发出震撼有力的声音：“各号注意，1小时准备！”

孙家栋查看完有关系统工作状态后，又一次神情专注、挺着身板端坐在了指挥位置，他身穿紫红色鸡心领羊绒衫、外套黑色夹克休闲衣，胸前挂着天蓝色挂带的发射任务通行证，他深邃沉稳的目光凝视着正前方的三块大型电子显示屏幕，三块屏幕上显示着不断变换的数据和画面，火箭、卫星、发射场以及有关系统发射前技术状态为发射指挥决策人员实时提供的各类信息。

一片宁静中传出“5分钟准备”的响亮指挥号令。

硕大的卫星发射指挥大厅内，虽然前面三排技术操作席上坐着几十人，后面的领导指挥席也就坐着几十人，但整个数百人的指挥大厅却异常安静，除了发射调度的扬声器里传出系统间的对话口令外，所有人员都注视着大屏幕上显示的图像和数据。

孙家栋听到5分钟准备的号令后，身子为之一振，连日奔波

孙家栋（右）与西昌卫星发射中心主任李尚福在西昌卫星发射中心指挥控制室亲切交谈

而疲惫的腰板不由自主地挺直，他双手习惯性地交叉紧握在一起，胳膊肘支撑在面前的指挥桌上，目不转睛，全神贯注地等待火箭点火的那一刻。

23时32分，又传出“1分钟准备”的指挥号令。

显示屏上显示着火箭上部的脱落插头一个个正常脱落，随着脱落插头脱落的画面，扬声器里传来揪动人心的“哧”“哧”声和“脱落正常”报告声有条不紊地打破发射指挥控制室里发射前的宁静，液氢排气连接器脱落后弥漫着一片雾气，地面发射塔架与火箭连接的电缆摆杆随之稳稳地徐徐摆开到位，屏幕上火箭的画面由上部的局部推向全箭稳稳屹立在发射台上的全景，继而中间那面大屏幕上显示着“长征三号丙”运载火箭尾部6台液体大推力发动机喷口的特写镜头。

“10–9–8–7–6–5–4–3–2–1！”

发射倒计时的号令逐秒递减声由发射场灌入西昌指挥控制室、灌入西安卫星测控中心、灌入北京指挥控制中心、灌入太平洋等待接收数据对卫星实施控制的远望号航天测量船所有参加发射试验任务的每个人的耳膜。每一秒的递减都使每一个人的心脏跳动凝聚在火箭发射升空的那一刻。

孙家栋交叉的双手松开又抱拳。虽然他经历过中国上百次航天发射的时刻，但每次发射的感觉从来没有过轻松，每次火箭点火前的那一刻都是异常的高度紧张。因为这一刻凝聚着太多人的心血，承担着太艰巨的重任，寄托着太神圣的使命，完成着国家太伟大的战略！

23时33分，一声“点火！”号令响彻指挥大厅，响彻发射场，同样一直响彻到西安卫星测控中心，响彻到北京指挥控制中心，响彻到远在太平洋海域的远望号远洋航天测量船。

孙家栋屏住呼吸，看着六台火箭喷口喷出了猛烈的火焰，随着震耳欲聋的呼啸声，火箭离开发射台笔直地向空中冲刺，孙家栋的呼吸随着火箭的呼啸紧张而急促。此刻点火起飞的“长征三号丙”运载火箭是短短四年间的第十次飞行，也是“长征三号丙”运载火箭第六次运载北斗导航卫星的实时飞行。

漆黑而宁静的发射场上空，6台火箭发动机同时喷吐产生出450吨巨大推力的火焰如此壮观，发动机喷吐火焰发出排山倒海般的呼啸震耳欲聋，呼啸声经群山的回声反射又一次发出如同礼花绽放的“噼里啪啦”巨响更是增添了神奇的震撼。孙家栋心里仍然在默默地倒计时，运载火箭和卫星由几十万个零部件制造组装，发射场全体参试人员精心调试、精心操作将火箭测试合格，吊装对接在发射台上，将合格的五种推进剂、三种特殊压缩气体加注到火箭“体内”……千军万马一枚箭，众志成城一颗星，这么长时间的精心准备就是为了这屈指可数的26分钟。从发射程序的技术设定来讲，火箭起飞离开发射台那一刻为倒计时与正计时的0点，此时火箭正在精准地按照理论设定的时序一秒、两秒、三秒、四秒、五秒、六秒……向太空飞行。火箭随着每秒一吨多燃料的消耗、箭体逐级分离脱落减轻自身重量、空中大气摩擦力减弱产生加速度，在短短20多分钟内达到冲出地球大气层，以每秒7.9公里的第一宇宙速度加速再加速。但孙家栋大脑里储存的数据却随着火箭到达预定轨道的飞行时序仍然倒计时递减。

也许具备大智慧的人都有随机换位思考和逆向思维的天赋。孙家栋多年养成了一个战略性思维和战术性实施的独特方法，当他的大脑在筹划战略规划时，总是立足发展眼光，从前瞻性、预见性、战略性和国家整体发展趋势的角度超前思维确定宏伟蓝图的正计时，而当落实每一项具体计划时，总是立足现实一丝不苟、抓大放小、疏而不漏、严肃认真、周到缜密，以完成任务的目标为0点而倒计时，每完成一个步骤如同缩短了倒计时的距离。火箭已经远离发射场，整个指挥控制大厅又是一片宁静，火箭飞行时间在一秒一秒递增，孙家栋内心的企盼在一秒一秒递减。

火箭起飞至1574.866秒时，指挥控制大厅的调度扬声器里传出："星箭分离，卫星已成功进入预定转移轨道，此次发射获得圆满成功！"

孙家栋情不自禁地从座席上起身，与所有参试人员一起热烈鼓掌。卫星发射成功之刻是指挥控制大厅最热闹、最风光之时，相机快门咔咔响，闪光灯亮光划过，记者采访忙作一团，大家情绪高涨、兴高采烈地盛情邀请孙家栋与他们一起在"祝贺第16颗北斗导航卫星发射成功"的字幕下合影留念。随即，淡定、低调的孙家栋趁大家不注意，向紧随身边的秘书李钢送去眼神，默默从大厅的旁门悄悄离开指挥控制大厅。

发射前一环扣一环的高度紧张，火箭起飞后一秒一秒递减

26分钟的漫长时光，卫星准确进入预定轨道的初战告捷使孙家栋悬着的心暂时有了着落，但极度的疲惫袭来令孙家栋浑身散架一般。

第二天一早，孙家栋将要飞往西安卫星测控中心。他要在另一个现场与那里的技术人员一起，对远在36000公里外的卫星实施一系列的卫星飞行轨道测量、计算，发出卫星上发动机点火指令，接收卫星轨道变化后的准确轨道数据，判断变轨后卫星的工作状况，随后还要对轨道运行的卫星各系统进行在轨测试……

孙家栋的大脑跳跃性地沉浸在科学的思维、细致的计划、严格的安排、准确的程序之中。

宏图告成

2012年10月26日清晨，天还没亮，孙家栋便来到西昌青山机场，停靠在停机坪的发射任务专用飞机的发动机已经隆隆转动，孙家栋一行登上飞机、舱门关闭后，连日来的紧张和疲惫让孙家栋又进入蒙眬状态。当他乘坐的飞机徐徐降落在西安机场触地的一刹那，孙家栋的大脑顿时清醒，他的思维从卫星发射入轨已经转移到对轨道卫星实施控制的另一个范畴。自今日凌晨发射的北斗导航卫星进入轨道后，仅仅过去10个小时，孙家栋的双腿便步入西安卫星测控中心的指挥控制大厅。他的目光又凝视在大屏幕显示着远在36000公里之遥的卫星运行轨迹上。西安卫星测控中心的科技人员对孙家栋等领导进行了简短汇报，针对这次卫星测控技术状态的新变化和复杂的控制过程等特点，西安卫星测控中心采用了创新任务组织指挥模式，对变轨控制和姿态控制等计算方案进行了设计改进，进一步优化了卫星变轨的新方案。火箭点火飞行后，西安卫星测控中心及所属测控站随即展开接力式跟踪测量控制，星箭分离后，测控中心在第一时间精确计算出了卫星轨道，卫星成功入轨。接着，孙家栋参加指挥了对卫星的各项控制操作，卫星按照预定方案准确进入地球准同步轨道。

2012年10月30日，西安卫星测控中心对空中运行的“北斗二号”第16颗导航卫星实施四次远地点变轨和两个批次定点捕获，于11时41分成功定点于东经80.3度赤道上空。之后，开始对卫星上各个分系统、子系统进行检查测试。孙家栋高兴地离开西安，随着飞机从西安机场起飞的那一刻，他的大脑思维又转向北斗导航卫星工程的整体运营服务。

孙家栋五个月前在广州召开的第三届中国卫星导航学术年会上曾经讲道：

> 卫星导航应用经历了从广度深度发展，到效用价值的提升，十几年来改变着人们的生活方式。互联网信息文明和现代商业模式的快速发展，推动着社会经济形态和信息产业的变革，也为卫星导航的应用创新提供了各种可能。北斗系统独立兼容体制，定位通信一体，独具特色的增强，

> 建用相依的政策，将迎来最好的应用产业发展期。希望有志于卫星导航事业的各界人士，充分利用年会平台，交流卫星导航新理论、新方法和新技术，探讨惠及人类生活福祉和经济发展的应用途径，推动北斗走向应用，促进全球卫星导航系统的发展。

孙家栋说，人造卫星的功能概括起来主要有三种：信息获取、信息传递、信息定位。其中信息定位包括空间和时间的定位，这便是北斗卫星所发挥的功能。它相比前两个功能，实现起来难度要大得多，必须是电子技术、航天技术、材料科学等前沿科学技术达到一定水平之后才能实现。另外，北斗导航绝对是国家战略计划的体现，当然，航天技术整体水平的发展和我国载人航天工程的实施，对北斗导航系统的建设起了非常重要的促进作用。卫星导航定位系统是国家重要的战略设施，是现代化、信息化的基本保障，必须拥有自主主权，依靠外国、依靠金钱是绝对买不来的。北斗系统的建成共需要30多颗卫星，而卫星的寿命有限，一般10年到15年就须发射新的卫星更换替代。一个国家建设这样高科技累积起来的复杂系统，必须有国家强有力的政策支持和长期的、大量的资金投入，才能保证工程的顺利进行。

如今发射成功的第16颗北斗导航卫星是北斗区域卫星导航系统组网的最后一颗卫星，它的成功将极大地促进中国在国际导航卫星领域竞争的主动性，区域导航系统建成投入运营，亚太地区的广大民众将距北斗导航时代也越来越近。这次发射成功，在国际领域又一次引起强烈反响。美国《航天新闻》网站发表文章声称，中国发射第16颗北斗导航卫星，将维持其自主研发的卫星导航系统建设中的一个关键性阶段，这针对美国的GPS在全球的霸主地位形成进一步挑战；美国《今日美国》、英国《卫报》、日本《读卖新闻》也纷纷对中国北斗卫星导航系统完成亚太组网进行了相关报道，评价这个航天科技近年来所取得的进步，并期待着北斗卫星导航系统今后能够更好地服务于亚太地区乃至世界各个国家的人民。

孙家栋组织工程五大系统进行了认真细致的分析、研究和总结。大家一致认为，北斗卫星导航工程建设从创新复杂系统工程管理模式、优化科研生产管理体系、强化精细化质量管理措施，以及加强人才队伍建设等方面都取得了很大的进步。是继载人航天工程之后，我国航天科技工业能力的又一次全面提升。在技术方面，依靠自主创新，突破了一箭双星发射、多星组网、高精度星载原子钟、卫星抗空间辐射加固等多项关键技术。

2012年12月27日，国务院新闻办公室在新闻发布厅召开了北斗卫星导航系统新闻发布会。介绍了北斗卫星导航系统正式提供区域服务有关方面的情况，对记者提出的相关问题进行了解答。发布会宣告：北斗卫星导航系统是中国自主建设、独立运行，与世界其他卫星导航系统兼容共用的全球卫星导航系统，可在全球范围内全天候、全天时，为各类用户提供高精度、高

2012年4月30日，北斗卫星发射前夕孙家栋在发射场接受记者采访

可靠的定位、导航、授时服务。尤其是2012年一年内成功实施了4次发射，将6颗卫星布局在茫茫太空，扩大了系统覆盖范围，增强了星座稳健性，提高了系统服务精度。目前，在轨卫星和地面系统工作稳定，通过各类用户终端测试和评估，系统服务性能均满足设计指标要求。自今日起，北斗系统在继续保留北斗卫星导航试验系统有源定位、双向授时和短报文通信服务基础上，开始向亚太大部分地区正式提供双向高精度授时和短报文通信服务，其位置精度为平面10米、高程10米，测速精度每秒0.2米，授时精度为单向50纳秒的连续无源定位、导航、授时等服务。

卫星上天，开通应用，皆大欢喜，但如何真正应用于广大用户，如何真正展开服务、创造效益，则成为孙家栋亟待解决的心结，随着工程阶段性重点转移，他的重心也在转移。

孙家栋认为，任何国家性的工程都离不开政府的扶持和政策支持，交通运输部制定的这一强制性措施，为北斗区域性导航系统投入使用后营造了良好开端，这必将有效推进系统的应用，也必将以点带面、加速推广，必将更快、更好，最大限度地发挥系统的经济效益。

2012年12月28日，中共中央、国务院、中央军委对北斗二号卫星导航系统开通服务发出贺电。贺电中指出，建设我国独立自主的卫星导航系统，是党中央、国务院、中央军委着眼国家安全和发展做出的重大决策。北斗二号卫星导航系统研制建设，凝聚了广大工程技术人员的聪明才智，体现了自主创新、团结协作、攻坚克难、追求卓越的北斗精神。该系统建成并投入使用，是国家和军队信息化建设的重要里程碑，是对我国经济社会发展的重要贡献，标志着我国卫星导航发展“三步走”战略的第二步取得了全面胜利，标志着我国在建立自主可控的卫星导航系统进程中又迈出了一大步，意义重大，影响深远。

孙家栋期盼的这一宏图大略已经初步告成。工程总体规划第二步计划的完成和提供正式服务，为亚太这块地球上人口最为密集地区生活着占全世界总人口五分之三的民众带来福音，使他们拥有了文明和美好生活的新选择。

第十章

造一辈子“中国星”

国家大奖

1999年9月18日，中共中央、国务院、中央军委在人民大会堂隆重召开表彰大会，表彰为研制“两弹一星”做出突出贡献的科技专家，并为23位科技专家授予“两弹一星”功勋奖章。孙家栋是受表彰的23位科技专家之一。

正如中国航天界众多元老级人士的评价：“‘两弹一星’，除了发射了导弹、爆炸了原子弹，还有向太空放卫星，关键是孙家栋放成了中国的第一颗卫星。在孙家栋之前虽然科学院已经对卫星研制做了许多基础工作，但在孙家栋担任了中国的第一颗卫星的技术总负责人以后，领导大家大胆地制定了新的总体技术方案，在很短的时间里就完成了卫星的设计与研制。中国第一颗人造卫星一举成功，在当时确实是件震撼世界的事情。孙家栋虽说是最年轻的获奖者，但他获得这个功勋奖章是当之无愧的。”

人生能有多少个10年，孙家栋人生的六个10年个个都有轰轰烈烈的事业，都有人生精彩。

1949年，20岁的孙家栋，为新中国的建立欢呼，随即加入解放军新组建的空军队伍，留学苏联。

1959年，30岁的孙家栋，从加入中国导弹研制起步，开始并为之奋斗了一生、历经艰险、攻克难关，拥有引以光荣而自

1999年9月18日“两弹一星”授勋

豪的航天生涯。

1969年，40岁的孙家栋，主持研制的中国第一颗人造卫星大功告成，在人民大会堂亲自向共和国周恩来总理汇报卫星情况。

1979年，50岁的孙家栋，被中共北京市委任命为中国空间技术研究院副院长，担任“东方红二号”通信卫星总设计师。

1989年，60岁的孙家栋，由航空航天工业部副部长改任航空航天工业部科学技术委员会主任。在这一年，他代表中国政府与美国政府签署了《关于卫星商业发射服务》的协议书。

1999年，70岁的孙家栋，在人民大会堂被授予“两弹一星”

1999年9月18日“两弹一星”功勋奖受勋后孙家栋与夫人魏素萍

功勋奖章。他参加领导的中国、巴西合作研制的“资源一号”卫星在太原卫星发射中心发射成功。

2009年，80岁的孙家栋也许是最为忙碌的一年。这个忙碌是指他在这一年中参与的活动多，主持的技术会议多，空中飞来飞去工作的内容多。这一年他主持、参加卫星发射会、登月战略研究会、火箭技术评审会等重要会议和活动近50次。这一年是孙家栋厚积薄发、赞扬与荣誉集中而至的一年。而这一年最为重大的事件是：孙家栋荣获2009年国家最高科学技术奖和国家科学技术进步特等奖。

这一年——

3月1日16时13分10秒，“嫦娥一号”卫星累计飞行494天，

“两弹一星”荣誉证书和功勋奖章

其中环月飞行482天，圆满完成工程目标和科学目标，孙家栋在北京航天指挥控制中心目视“嫦娥一号”卫星准确落向月球东经52.36度、南纬1.50度的预定撞击点。

3月5日，孙家栋收到了97岁高龄著名科学家钱学森亲笔签名写给他80大寿生日贺信。

4月8日孙家栋生日那一天，他收到中央政治局委员、中央书记处书记、中组部部长李源潮送来的生日贺卡，上面写着：“尊敬的孙部长：在您80华诞之际，谨祝您生日快乐，健康长寿！”

9月30日，孙家栋受国务院总理温家宝的邀请，出席在北京人民大会堂举行的庆祝中华人民共和国成立60周年盛大国庆招待会。

10月1日上午，受中共中央的邀请，孙家栋作为“两弹一星”功勋奖章获得者与胡锦涛、江泽民等党和国家领导人一起登上天安门城楼，参加首都各界20万军民庆祝中华人民共和国成立60周年大会，在北京天安门城楼上观礼盛大阅兵仪式和群众游行活动。

孙家栋在天安门城楼上看到一个个受阅方队在雄壮的嘹亮军歌声中威武向前，精良铠甲铁流滚滚，导弹武器威震四方，先进战鹰呼啸划过……孙家栋大学时的飞机梦；留学归来后从事中国导弹研制；如今应用卫星种类齐全遨游太空，航天大国的形成令每个中国人振奋，在那个瞬间一一掠过他的脑海。

这时，新华社记者在天安门城楼上采访了孙家栋，他动情地说：“预祝伟大祖国更加繁荣昌盛、取得更大成就，尽快实现全面建设小康社会的目标。”

晚上，孙家栋与胡锦涛、江泽民等党和国家领导人一起登上天安门城楼，参加庆祝中华人民共和国成立60周年联欢晚会并观看礼花绽放的盛况。

这一个接一个活动虽然使孙家栋感到疲惫，但党和国家给予的崇高荣誉更让他感到无比幸福与荣耀，也深感党和国家赋予光荣使命的责任重大。

2010年1月11日上午，中共中央、国务院在北京人民大会堂隆重举行国家科学技术奖励大会。当党和国家领导人胡锦涛、温家宝、李长春、习近平、李克强来到大会主席台时，大会堂爆响了热烈的掌声。上午10时，与会全体人员起立高唱雄壮的国歌，在热烈的掌声中，中共中央总书记、国家主席、中央军委主席胡锦涛首先向获得2009年度国家最高科学技术奖的中国科学院院士、上海复旦大学教授谷超豪、中国科学院院士、中国航天科技集团高级技术顾问孙家栋颁发奖励证书，同他们热情握手、祝贺，并同他们一起合影留念。孙家栋手捧印有国徽的鲜红证书站在胡锦涛主席右侧留下了历史性的影像。

中共中央政治局常委、国务院总理温家宝在讲话中代表党中央、国务院，向2009年度国家科学技术奖获得者表示热烈祝贺，向全国广大科技工作者表示诚挚问候和崇高敬意。

中共中央政治局委员、国务委员刘延东在会上宣读了《国务院关于2009年度国家科学技术奖励的决定》。她说：“为全面

2010年1月11日，胡锦涛为孙家栋、谷超豪颁发国家最高科技奖证书后合影

贯彻党的十七大和十七届四中全会精神，深入贯彻落实科学发展观，大力实施科教兴国战略和人才强国战略，推进科学技术的自主创新，国务院决定，对为我国科学技术进步、经济社会发展、国防现代化建设做出突出贡献的科学技术人员和组织给予奖励。根据《国家科学技术奖励条例》的规定，经国家科学技术奖励评审委员会评审、国家科学技术奖励委员会审定和科技部审核，国务院批准并报请国家主席胡锦涛签署，授予谷超豪、孙家栋两位院士2009年度国家最高科学技术奖。全国科学技术工作者要向谷超豪院士、孙家栋院士及全体获奖者学习，继续发扬团结协作、顽强拼搏、奋力攀登、开拓创新、爱国奉献的精神，坚定不移地走中国特色自主创新道路，提高自主创

新能力，培育战略性新兴产业，为建设创新型国家、促进科学发展做出更大贡献。”

奖励大会结束后，新华时评《有一种纯粹令人敬仰》的文章写道：

> 非淡泊无以明志，非宁静无以致远。对工作严谨敬业，对名利淡泊知足，对他人宽和谦逊……在孙家栋自己看来，这一切都是理所当然。他并没有刻意追求所谓的“崇高”，只要做一个纯粹的科学家，一个恪尽职责、恪守良知的科学家。但这份纯粹却让人倍加感慨，在如今这个诱惑很多

2010年1月11日，科技奖励大会前孙家栋夫妇（右）与谷超豪夫妇（左）合影

孙家栋（中）与闵桂荣院士（左）、戚发轫院士（右）合影。他们是三任中国空间技术研究院院长、院士

的时代，这份纯粹显得越发珍贵，越发可敬。纯粹更意味着一种境界。人活着得有点理想，有点超脱精神，不能太急功近利。为名利所驱、为外物所役的人其实是很可怜的：他们整天孜孜以求，却往往在不知不觉中迷失方向，失却了真正的自我。做一个纯粹的人其实并不难。我们或许无法取得孙家栋那样的科学成就，但只要像孙家栋一样老老实实做人、认认真真做事，我们就可以无愧于己，无愧于人。正如毛泽东所言，“一个人能力有大小，但只要有这点精神，就是一个高尚的人，一个纯粹的人，一个有道德的人，一个脱离了低级趣味的人，一个有益于人民的人”。

2011年《求是》杂志开年首期刊登了《航天赤子孙家栋》一文。文章说：

> 孙家栋是我国最年轻的“两弹一星”元勋和最年长的卫星工程总设计师,也是我国月球探测工程的主要倡导者之一和月球探测一期工程的总设计师。

2011年1月13日，全国政协副主席、科技部部长万钢专程来到中国航天科技集团公司，代表科技部向孙家栋表示问候，感谢他为中国航天科技事业做出的巨大贡献,以及为谋划我国科技事业特别是航天科技事业发展、促进决策科学化所做出的努力。

2011年1月13日，全国政协副主席、科技部部长万钢看望孙家栋

2011年1月26日上午9时50分许，一阵爽朗的笑声从孙家栋的家里传来，中共中央政治局常委、中央书记处书记、国家副主席、中央军委副主席习近平一来到孙家栋家里便说："孙老您好，春节快到了，我代表胡锦涛总书记和党中央来给您拜年啦。"

习近平紧握着孙家栋的手说："您是航天科技领域的领军人物，曾做出了许多重大贡献，祖国和人民都不会忘记您。对您为我国航天科技事业发展做出的突出贡献表示敬意和感谢！"

孙家栋说："我们在去年和'十一五'期间连续取得了一系列很不容易的成绩，同时也有一批非常优秀、非常有战斗力的人才脱颖而出，这都得益于集团公司信任年轻人，给他们压担子。另

时任中共中央政治局常委、国家副主席习近平代表党中央、国务院来到孙家栋家中看望孙家栋

外，航天精神代代流传，年轻人深受感染，这点我体会很深。”

习近平说，“两弹一星”精神激励和鼓舞了几代人，是中华民族宝贵的精神财富。广大航天工作者培育和发扬的“特别能吃苦、特别能战斗、特别能攻关、特别能奉献”的载人航天精神，是航天精神、“两弹一星”精神的延续和发展。我们要充分发挥“集中力量办大事”的优势，大力弘扬航天“三大精神”，加快科技进步和创新步伐，不断开辟人才培养新路径，为改革开放和社会主义现代化建设提供强有力的科技和人才支撑。

孙家栋点头回忆道：“一直以来，航天就提倡联合起来求发展，集中力量办大事，遇到困难后要联合攻关。”

习近平希望航天科技集团公司能够延续这个优良传统，围绕目标动员各种力量，完成好党和国家赋予的神圣使命。习近平说：“中国航天科技集团公司有一个如此好的基础，有一批这么可靠的领军人才、主心骨，有这么一套很好的体制，一定能朝着胜利的方向迈进。我对你们有很大的信心!”

2011年7月1日，中国共产党90华诞之际，中国航天科技集团公司的一批先进基层党组织、优秀共产党员和优秀党务工作者受到了党中央和国资委党委的表彰，孙家栋获得全国优秀共产党员、中央企业优秀共产党员称号。

2012年1月17日，中国传统春节到来前夕，中共中央政治局委员、国务委员刘延东响亮而温馨的祝福声，打破了孙家栋家中的宁静：“孙老，给您拜年啦！过节好！”

刘延东一进屋，就和孙家栋亲切交谈起来，孙老，你是我国航天事业的奠基人和参与者之一，为我国航天事业发展做出了重要贡献。近年来，还在北斗卫星导航系统建设和月球探测工程中担当了重任。看到中国航天科技集团公司去年取得的成绩，我感到很受鼓舞。航天事业振民心、扬国威，孙老在其中发挥了不可替代的重要作用，您的事迹将被永远铭刻在国家的历史、党的历史上！

刘延东用充满敬意的话语微笑着对身边人说："孙老80多岁的高龄还坚持在一线工作，还带出了一支特别能战斗的高水平航天队伍，十分了不起。党中央高度重视科技工作，现在正大力推进科技体制改革、加快国家创新体系建设，全国广大科技工作者都需要学习航天精神，也希望孙老多给我们提些意见和建议。"

孙家栋听后谦和地说："衷心感谢党中央、国务院对我们航

2012年1月17日，时任中共中央政治局委员、国务委员刘延东来到孙家栋家中看望孙家栋院士

天科技工作者的关心。我深深感到，中国航天事业取得的成绩离不开党中央、国务院的关怀和全国人民的大力支持，离不开我们这支航天科技队伍的努力奋进。集团公司的年轻同志既善于发扬和传承老一辈留下来的航天精神，又注重自主创新，是一支朝气蓬勃的队伍。”

2010年12月16日，《科技日报》大型报道《航天大师孙家栋》。

2010年12月17日，《人民日报》头版头条刊登了《时代先锋：航天赤子孙家栋》。

同天，《人民日报》刊登了评论员文章《爱国奉献的楷模》。

2010年12月18日，中国广播网报道《中国卫星之父——孙家栋的精神家园》……

电视屏幕上的孙家栋也频频出现在亿万观众面前，可谓是全国人民耳闻眼熟的“超级明星”。

2010年1月11日中央电视台《新闻联播》与《新闻直播间》播出，中共中央、国务院在北京人民大会堂隆重举行国家科学技术奖励大会的专题节目。与此同时，“腾讯新闻”等视频也进行了大量专题报道。

2010年1月27日，中央电视台《晚间新闻》节目专题播出记者访谈《孙家栋：中国航天事业的见证人》。

2010年4月16日，BTV电视专题播出《孙家栋：从东方红到嫦娥，40年三大突破》。

2010年9月2日，中央电视台新闻频道播出了8月31日孙家栋在上海世博会太空家园馆院士系列讲座第一场开讲的报道。同时播出了孙家栋与夫人魏素萍一起观看世博会太空家园馆及航天展品的相关内容。

2010年10月1日，中央电视台新闻频道专题播出《孙家栋：为“嫦娥二号”研发团队打满分》。

2010年12月18日，中央电视台新闻频道新闻联播《时代先锋》节目专题播出《孙家栋：兢兢业业50载，只为梦圆在太空》……

2011年1月17日，美国纽约时报广场的电子显示屏上以每小时15次、每天共300次的频率，循环播出了《中国国家形象片——人物篇》，孙家栋和“长征三号甲”系列火箭总指挥岑拯作为科技界代表在片中亮相。至2月14日，中国国家形象片共计播放约8400次，孙家栋以中国国家形象为中华民族争得了荣誉。

2011年1月18日，2010CCTV中国经济年度人物颁奖典礼在北京举行。孙家栋荣获终身成就奖。中国科协常务副主席、书记处第一书记邓楠为其颁奖并讲道：

> 孙家栋获得终身成就奖，是科技创新在国家战略层面的一种体现，表明国家系列重大科技创新获得了企业界、媒体界、学术界和政府部门等评委的一致认可，也表明航天科技树立起中国经济新兴力量的一道标杆，为未来中国经济发展转型注入了新的活力。

2012年6月4日下午，小行星命名仪式在京举行。根据国际天文联合会第77508号《小行星通报》，第148081号小行星正式命名为孙家栋星。全国政协副主席、科技部部长万钢，向孙家栋及其他4位获奖者颁发了小行星命名证书和小行星运行轨道图。万钢指出，国家最高科学技术奖获奖者是我国科技界的杰出代表，以国家最高科学技术奖获奖者名字命名小行星，是对这些贡献卓越的科学家的尊重和爱戴，在鼓舞广大科技工作者、激励自主创新、营造和谐创新环境等方面将产生积极影响。孙家栋在发言中表示，近年来，在党和国家科学决策和正确领导下，在全国人民大力支持和协作下，国家科技创新体系逐步完善，一批重大科学专项相继启动，大幅提高了国家的科学实力

2012年6月4日，孙家栋（左七）在小行星命名仪式上合影

和创新能力。广大科学工作者要抓住机遇，自强不息，努力拼搏，不辱使命，为建设创新型国家做出更大贡献。

终身姻缘

孙家栋他们这批留苏学生归来时，基本上都属于“大龄青年”。孙家栋在这些留学回国的学生中间虽说还算是年轻的，但也已是快30岁的人了。他们回到祖国后，马上就投入热火朝天的科学试验中。孙家栋与他的同事们整天挑灯夜战不分昼夜，几乎没有节假日，一头扎在绘图板、资料堆和试验室里，哪里还有工夫来安排常被人们称为的“个人问题”。不仅家里人为他们的婚姻大事着急，就连一起工作的领导和同事也都很着急。所以，当时室里、部里的指导员、政委们开展政治思想工作的一项很重要的内容，就是要帮助他们这些大龄青年技术骨干解决好“个人问题”。

孙家栋这小伙儿，不仅个头高大、身材魁梧、五官端正，而且腰杆挺得倍儿直，还长了一副喜庆脸，每天微笑总挂在脸上。更招人喜欢的是他办事的那种坚韧不拔劲儿，考虑问题脑瓜子的那个聪明劲儿，不善言谈但又透出的那股灵活劲儿，还有就是为人处世的热情劲儿。主动向他暗送秋波的女孩子为数不少，组织出面帮他们成人之美的事也是经常不断，可愣是没有哪个打动了他的心。这个孙家栋简直是太清高了。

1959年4月5日是星期天，北京的阳春是一年中最美的季节，春暖花开、姹紫嫣红、大地一片生机盎然。这天早晨孙家栋起个大早，他们一帮人坐车从北京城最南边的研究院向西北边的颐和园行驶，年轻人在车上有说有笑，这种热闹的气氛使他们又回到了昔日校园生活。孙家栋隐隐地想起在苏联学习时的同学和战友，当时几个女同学向他表达的意思竟是那么的明白，可当时为什么就一点儿也没有为之动心呢？

哎呀！坏了！我把相机忘带了。孙家栋心里想，大家交给我这么重要的带相机任务，竟被大清早这群喜鹊的叽叽喳喳叫声给搅忘了，真是不好意思，立即想办法弥补。

说着，当车驶过木樨地时，孙家栋下车到空军与他一起留学苏联的战友刘恩光处借相机。

没想到，借相机这么几分钟的时间竟促成了孙家栋的人生姻缘。

现在已经过去快50年了，如今孙家栋回忆起这段情缘时仍然显得兴致勃勃：由于借了相机我还要急着赶到颐和园，下车后我就急急忙忙地往刘恩光家跑。那个时代也没有现在这么方便的电话，由于工作忙的原因，我们已经有好长时间没有联络了。恰好这天是星期日，刘恩光看到我非常高兴，本来说明原委我就急着要走，而他却刻意挽留我多待一会儿，他看我着急的样子，长话短说，拿出一张照片给我看，刘恩光的夫人王淑贤说照片上的女孩与她是哈尔滨医科大学的同学。

映入眼帘的是一个秀丽女子，当照片上那秀眉下一双炯炯有神的大眼睛与他的眼神相撞击的一刹那，孙家栋的眼睛唰的闪了一道亮光。

孙家栋将照片慌忙揣入怀中急急离去，刘恩光和夫人边塞给他一张写有地址的纸条，边在他身后喊：“别总是那么不当回事，如果合适的话，抓紧通封信联络联络。”

几十年过去了，孙家栋每次想到这里还会自言自语地说：“姻缘其实就是一种缘分，这点我信。”

孙家栋的丘比特箭射向哈尔滨25天后，便利用“五一”劳动节放假的公休日专程踏上了驶往哈尔滨的火车。当然，这之间与魏素萍究竟通了有多少封书信，那就是他俩心中的秘密了。

魏素萍出生在哈尔滨一个铁路工人的家里。争强好胜的魏素萍在生活重压下顽强地坚持学习，自己补习了初中课程。正好在这个时候，有一个高级助产士学校招人，魏素萍前去应考竟然考到了二年级的插班生。在这个学校读了一年毕业后，又一次机遇降临给她。省卫生厅接收了一个军队医疗学校，这个学校就是以后的佳木斯医学院要招收家庭出身好、学习成绩好的学生，魏素萍以自己的努力、实力、聪明被保送插班入学。她不仅补习文化课跟上了课程，而且年终考试获得了全班第一名。魏素萍两次插班跳级，两年就完成了大学学业，被哈尔滨市立医院录取，成为令人羡慕的医院内科医生。

孙家栋与魏素萍见面后两人有一个同感就是，仅仅见了一面好像就已经成了老知己。各自心里都很满意、很喜欢对方，自然两人在一起的话特别多，第一次见面，竟然有说不完的话。魏素萍虽然不知道孙家栋具体是做什么工作的，但感觉到他是科研单位从事保密工作的，她从他朴实的话语中能感觉到孙家栋是个厚道人，是个可信赖、可依靠的人，能够感觉到孙家栋有学识、有上进心，是个令她从心里喜欢的人。

孙家栋在哈尔滨总共只待了二十多个小时就急着回北京搞他的科学研究去了。他所从事的工作虽然伟大、光荣却非常艰巨，况且这种工作在当时是要绝对保密的，对谁都不能讲。魏素萍自然也是被蒙在鼓里。

孙家栋从1959年4月5日看照片，5月1日见第一次面，7月份利用到哈尔滨军事工程学院出差之机与魏素萍见了两次面，到8月9日，虽然光阴似箭，日子过得飞快，但相处的时光也还不到100天。在常人眼里，100天可以说是非常短暂的，但对孙家栋和魏素萍来说可太漫长了。当今所谓的闪婚也不过如此，但发生在20世纪50年代末的闪婚却成就了一个欢乐、美满的家庭。如今孙家栋与魏素萍早已度过金婚岁月，他们夫妻互敬互爱，妻子相夫教子，孝敬老人，白天专职自己钟爱的医务事业，晚上缝衣做饭，勤俭持家，默默支持丈夫的导弹、卫星事业。而孙家栋则在中国航天事业的征程中拼搏耕耘，为祖国的航天事业做出了巨大贡献。

1959年8月9日，孙家栋和魏素萍第一次见面后的108天，按照两人的约定，魏素萍带着自己在哈尔滨“道里秋林”百货商店量身定做的镂花布拉吉和时髦高跟皮鞋，拎着提包，只身从哈尔滨跑到北京来找孙家栋。

这一天，领导和同志们为他俩举行了简朴、热闹的婚礼，

年轻时的孙家栋与夫人魏素萍

令众领导着急的婚姻大事，终于美满地解决了。

婚后，魏素萍很快由哈尔滨调到北京，她一直在航天系统医院从事医疗工作，曾任心血管科副主任。穿上白大褂，戴上听诊器，她是个好医生，回到家里，家务全包，又是个好妻子。几十年如一日，任劳任怨做好“贤内助”。魏素萍回忆起家庭与工作时说：自打与孙家栋在一起就没见他闲过，一方面知道他的工作重要，另一方面他也经常不在家，在北京时不是加班就是开会，否则就是出差，到发射基地执行试验任务一去就是几个月，家里的事情别说压根儿没想靠他，就是想靠也靠不上。我们年轻时上有老、下有小，几十年一贯制也养成自然了。现在孩子都长大了，家里没有负担，我们也老了。她将几十年生活说得那么轻松，丝毫没有怨言，的确是一个好医生、好妈妈、好妻子。

1994年11月24日，作为我国第一颗大容量通信卫星工程总设计师的孙家栋，已经在西昌卫星发射中心待了很长一段时间了。此时火箭、卫星都已测试完毕，太平洋上的远洋测量船和国内各个测量站都已完成各项准备工作，发射场的各项工作都已就绪，卫星发射恰好进行到最紧张的时刻。

这一天，作为心血管科医生的魏素萍已经住在医院里接受治疗，她隐隐地觉得自己的脑血管有点异常，似乎要患脑血栓，医院立即进行了全力以赴的紧张抢救和治疗。即便这样，她的半边身子还是失去了正常控制。

一周后，孙家栋在发射场将卫星成功送入太空，可由于多日来的疲劳致使他有点积劳成疾，卫星发射成功后大脑突然一放松顿时觉得浑身像散了架似的疲劳无力，而这时还需要他立即回北京主持与美国航天代表团的谈判。他强力支撑着自己疲惫的身体，咬着牙完成了谈判，在会谈文件上签了字。就在当天，孙家栋便累倒了，同志们用担架把他直接抬进了附近的医院。

孙家栋和老伴分别住在两所医院，现在才惦记起老伴魏素萍这一段时间怎么没有一点儿消息？老伴的胆结石症前一段时间发作后，自己也一直没有顾得上陪她去看，出发去西昌时老伴说准备去住院治疗，与她通电话时他心里想的都是卫星方面的问题，又总是催她快讲、快讲，用公家的长途电话别啰唆。

孙家栋与夫人魏素萍

这可好，电话不用啰唆了，可她的身体怎么样却也无法知道了。纳闷儿的是，孙家栋问秘书、问同事，他们总是含含糊糊地打马虎眼，还总说："挺好的，挺好的。"

孙家栋很快弄清了情况，经他的再三要求，老两口同住在一个医院治疗。医生和秘书陪同他到医院的另一间病房去看望卧病在床的魏素萍。为了不让夫人替他担心，孙家栋提前想好对老伴该说些什么。他见老伴病得很重，满怀歉意地说："最近工作太忙脱不开身，要不早来看你了。"而魏素萍凭着做医生的敏感，看到他苍白的脸上写满了憔悴和疲惫，就猜到他是生病了在住院。患脑血栓的魏素萍尽管言语吃力，也要连说带比画地向医生表达她要如实了解孙家栋的病情。后来，医生同意她的请求，并按他们的想法把老两口安排到了同一间病房。此时，孙家栋和魏素萍彼此虽然不能互相照顾，但两人相距近了，心里也就踏实了。

待魏素萍从医院出来时，脑血栓虽然好了，可身体半边麻木，不仅腿脚不灵活，连胳膊和手也不听从大脑的指挥。为了让魏素萍的四肢恢复正常功能，孙家栋在精神上鼓励她，在生活上照顾她，从百忙中挤出时间，和她一起锻炼身体。爱情的阳光雨露温暖了魏素萍的心，一年后，魏素萍竟奇迹般地康复，让身边的人都惊讶不已。有谁能想到，这一年，孙家栋的体重

孙家栋与夫人魏素萍在北京香山

一下子减了二十多斤。他还开心地打趣道:“这个减肥办法真好，就连最难对付的脂肪肝也一下子恢复正常了。”

是什么神奇的力量使半身不遂的魏素萍这么快恢复正常?“这是爱情的力量！”魏素萍动情地说，“是老孙用爱心为我创造了奇迹！”

孙家栋平时总没时间去回忆，现在卫星发射成功了，他躺在病床上闲下来以后，不禁对自己的家务事情浮想联翩。

1967年12月8日，魏素萍就要临产了，可孙家栋整天忙得根本没有时间回家。刚刚组建的空间技术研究院，大量的工作都已全面展开。孙家栋有时想晚上抽点时间去看一看夫人，可他这个“拼命三郎”真的没有时间。女儿魏红在北京平安出生后，魏素萍躺在医院的床上很伤心，看到别的产妇都是家人欢天喜地、全力照顾，自己的床边却见不到丈夫的身影。想到这，魏素萍一阵阵心酸。第二天晚上，魏素萍总算把孙家栋盼来了。可他到医院的时间太晚了。由于晚上还有等待处理的急事，孙家栋看了看孩子，虽然夫人的身体虚弱，但他也就仅仅停留了十几分钟，便匆匆离去。

现在，孙家栋帅气的儿子孙中亮，漂亮的女儿魏红早已长大成人，他们在各自的工作岗位上出色地成就着自己的事业。儿女们随着年龄的增长，对儿时父亲的忙碌、对常常见不到他们可亲可敬的父亲更增加了几分理解和敬佩，一直到现在父亲还总是那样的忙碌，但只要父子、父女们在一起，儿女仍然在慈祥的父亲面前无拘无束地顽皮撒娇。每当这时，母亲魏素萍总会面带微笑说孩子们一见到爸爸就总是长不大，孙家栋与一家人其乐融融那一刻大概就是自己精神最为放松之时。

为了弥补自己的过失，孙家栋的社会活动和日常工作仍然很忙，几乎每周都要乘飞机飞来飞去，但只要在家，每天一大清早，会准时在老伴的监督和陪同下，到楼下的草坪旁活动活动腿脚，屏声静气地打上一轮太极拳。每次锻炼完，还总忘不了给夫人弄皱的衣服抻一抻，然后，拉着夫人的手再慢慢地散会儿步，老两口不慌不忙、一副安然自得的神态。

弹指一挥间，这对老夫老妻从一见钟情到相伴变老，从青春年华迈入了人生的古稀之年。爱情不仅使他们战胜疾病，而

20世纪60年代末孙家栋的全家福

1983年孙家栋的全家合影

且促使他们事业有成，焕发青春。如今魏素萍仍然无怨无悔深情守望家园，甘当家里的好后勤，孙家栋还在开拓进取，他要亲手将中国“嫦娥奔月”的神话变成美好的现实。

其实，孙家栋就是这样一个人，几十年来不论是做领导，还是搞技术，他都非常认真，一丝不苟，不论是当研究室主任，还是当航天工程总设计师，他都能做到抓大放小，充分发挥大家的力量，自己勇于承担责任，能够以身作则。用“神舟号”飞船总设计师戚发轫院士的话说：“孙家栋是小事不纠缠，大事不放过，跟他在一起痛快！”“嫦娥一号”卫星系统总指挥兼总设计师叶培建院士说：“孙家栋待人谦和，在工作中他总是能抓住问题的要害，提出解决问题的点子，跟他在一起心里踏实！”

其实孙家栋有一句经常说的口头语，什么名利不名利的，如果做出了成绩那是组织上给了你活动的平台，那是同志们共同努力的结果，几十年来都是每次确定了任务按照分工开始忙起来，大家伙儿都一门心思扑在工作上，哪有心思去考虑什么个人得失，同志们都那么努力在工作，你如果总考虑自己那也太不够意思了吧，哈哈哈……

孙家栋就是这样一个人，进取有乐，知足常乐，潜心科学，专心研究，不以物喜，不以己悲，对功名利禄都采取超然物外的态度。

永不停歇

亲历了中国航天开创、见证了中国航天发展全过程的孙家栋，对中国航天事业充满深厚感情，他深知国家航天工业的强盛对国家所起的作用。几十年前，毛泽东、邓小平等老一辈革命家对加速中国航天发展的高瞻远瞩和号召令他记忆犹新，胡锦涛等新一代领导人对中国航天给予的支持指导和高度重视使他精神焕发。2006年5月8日，孙家栋在北京接受中国国防科技工业编辑部采访时强调：“几十年的历史实践已经让我们深刻认识到，最先进的武器是买不来的，军工核心技术是买不来的，航天尖端产品也是买不到的，我们必须要依靠自己的力量强大国防。增强军工科技创新能力，是国防科技工业增强核心竞争力的必由之路。”这是一个老航天的情感之言、肺腑之言。

孙家栋是中国卫星技术和航天工程的主要开创者之一。50年来，他对中国导弹和航天事业的发展具有强烈的责任感和献身精神，全部心血都倾注到了中国的航天事业。他善于团结同志，勇于承担责任，在长期领导大型航天工程研制的实践中，积累了丰富的经验，形成了自己独特的思维方式、工作特点和领导风格。系统思想方法是他重要的思维特点；循序渐进，严格按程序办事，创新与求实相结合是他重要的工作特点；善于组织、引导科学技术人员发挥群体的智慧和力量，是他的领导风格。

2007年5月31日深夜，“鑫诺三号”卫星发射在即，这次发射是长征系列运载火箭的第100次发射。孙家栋正坐在西昌

孙家栋（中）与戚发轫院士（右）在一起

卫星发射中心指挥控制室听着倒计时口令，等待火箭点火升空。孙家栋环顾四周，突然发现自己是在发射现场的指挥控制室里参与了中国第1次卫星发射和第100次发射的目击者和见证人。长征系列运载火箭顺利实现第100次发射，使中国成为继美、俄、欧之后世界上第四个自主品牌火箭航天发射次数到百的国家。经过37年的发展我国长征火箭总体技术性能达到国际一流水平。

2007年6月1日凌晨0时08分，孙家栋坐在指挥室前排指挥位子上，目不转睛地盯着显示屏上整装待发的火箭，随着指挥员“点火”口令的下达，火箭喷着烈焰离开发射台直刺天穹。备受全国人民关注的“鑫诺三号”卫星，准确地进入太空预定轨道，圆满完成了长征系列运载火箭具有里程碑意义

孙家栋在开会

孙家栋与中国运载火箭技术研究院现任院长李洪（中）、书记梁小虹（左）在卫星发射场

的第100次发射。

2007年6月15日长征系列运载火箭第100次发射成功座谈会在北京隆重召开。会上传达了中共中央政治局常委、国务院总理温家宝的重要指示："要求广大航天科技工作者以长征火箭实现100次发射为新的起点，全面提高航天科技水平，增强航天工业的产业带动力和综合竞争力，建设国际一流的航天工业。"

历数中国的长征系列运载火箭发射记录，从第1次到第10次发射，经过了漫长的14年时光，从第90次到第100次发射则不足9个月。而截至2012年11月27日最近的10次发射仅仅用了6个月，在6个月内将14颗卫星及飞行器准确送入太空预定轨道，更令孙家栋喜上眉梢的是，自2012年4月30日至2012年5月29日的一个月内，中国长征系列运载火箭连续5次成功发射，创造了一个月

孙家栋（前排中）与时任秘书合影

内将7颗卫星送入太空的发射纪录。这些数据足以说明具有自主知识产权和较强国际竞争力高科技产品的长征系列运载火箭技术、高密度常态化发射能力以及航天测量控制管理水平对中国经济发展、科技进步、基础实力所做的贡献。孙家栋深为中国航天取得的成就而自豪，深为自己为之奋斗一生的航天事业而欣慰。

2010年12月17日《人民日报》头版头条“时代先锋”栏目登载了《人民日报》和新华社记者联合采制的题为《航天赤子孙家栋》的文章。站在西昌卫星发射塔前孙家栋祥和、亲切、淡定的照片放在整版最为显赫的左上角。文章开头写道：

听说过他的人，都觉得他是个了不起的传奇人物。见过他的人，都忘不了他那温和的笑容、温暖的大手。

已经度过85岁华诞的孙家栋，仍然是会议不断，事务繁多，航天战略发展的研究，应用卫星的发展方向，航天发展对国家科技发展的牵引带动，多项重大科学技术评审，人才培养建设……许多问题都请他亲临现场，坐镇决策、指导。如今，孙家栋除了担任着三项航天应用卫星工程总师外，还担任着中

孙家栋（右）与作者王建蒙在新加坡的会议上

国航天科技集团高级技术顾问、国家航天局高级技术顾问、国际宇航科学院院士、中国科学院院士、国际欧亚科学院院士，孙家栋每天要做的事情实在是太多了，孙家栋如同挂在太空中造福人类的人造卫星一般，不停地运转、不停地向地球接收和输送着信号、不停地默默为人类做奉献。他依然按照自己的习惯周到细致、严肃认真、不知疲倦、勤奋地拼搏着；依然在中国从航天大国走向航天强国的道路上继续自己为之奋斗的传奇追求。

附录

孙家栋年表

◆ 1929年

4月8日，出生于辽宁省盖县盖平师范学校。

◆ 1950年　21岁

1月，参加中国人民解放军空军，在沈阳基地空军第四航校担任俄语翻译。

◆ 1951年　22岁

9月1日被空军选派赴苏联莫斯科茹科夫斯基空军工程学院留学，学习航空发动机理论、装机设计、维修及管理等学业。

◆ 1956年　27岁

8月6日，经刘俊庆同志介绍，加入中国共产党。

◆ 1958年 29岁

4月，于苏联莫斯科茹科夫斯基空军工程学院毕业回国。被分配到国防部第五研究院一分院，从事导弹研制工作，参加我国最初起步的导弹研制设计工作。

◆ 1967年 38岁

8月，由钱学森提议，聂荣臻批准调到国防科工委第五研究院组建卫星总体设计部，任总体技术总负责人领导我国第一颗卫星“东方红一号”的研制工作。

◆ 1970年 41岁

4月24日，任技术总负责人研制的我国第一颗卫星“东方红一号”卫星在酒泉卫星中心发射成功。

◆ 1977年 48岁

9月，被任命为中国第一颗地球静止轨道通信卫星总设计师。试验卫星通信工程于1977年9月被列为中国导弹与航天事业80年代前期三项重点任务之一。任新民被任命为工程总设计师。

◆ 1978年 49岁

3月18日，在北京参加全国第一次科学大会。代表卫星研制单位，在大会做题为《关于人造卫星的成就及展望》的发言。

◆ 1979年 50岁

4月18日，被中共北京市委任命为七机部五院副院长。

8月28日，七机部党组决定，任命孙家栋为“东方红二号”通信卫星总设计师。

◆ 1980年 51岁

9月22日，在七机部召开的劳动模范、先进集体表彰大会上，被评为七机部劳动模范。

11月10日，经中央书记处批准，被任命为七机部总工程师。

◆ 1982年 53岁

5月，任航天工业部科技委副主任、总工程师。

◆ 1983年 54岁

5月23日，被国务院任命为航天工业部五院院长。闵桂荣、戚发轫、陈永源为副院长，王希季为科技委主任。

11月15日，被国防科工委任命为“东方红二号”通信卫星总设计师。戚发轫为副总设计师。

◆ 1984年 55岁

10月，被授予国家级有突出贡献的中青年专家。荣立航天部一等功。

◆ 1985年 56岁

10月6日，在国际宇航联合会第三十六届大会上，与其他12位宇航科技专家一起当选为国际宇航科学院院士。

10月30日，被中共中央任命为航天工业部副部长、党组成员。

◆ 1988年 59岁

5月，任航空航天工业部副部长。

10月，由航空航天部、国防科工委、外交部联合组成关于商业卫星发射服务中国代表团任团长，在北京钓鱼台国宾馆主持与美国代表团就国际商业卫星发射服务的三个专题进行会谈。

12月，率代表团赴美国就签订双方政府协议进行谈判。经过艰苦的谈判双方最终签署了《中美两国政府关于卫星技术安全的协议备忘录》及《中美两国政府关于卫星发射责任协议备忘录》。

◆ 1989年 60岁

1月，赴美国华盛顿，代表中国政府与美国政府签署《关于卫星商业发射服务》的协议书。

3月，任航空航天工业部科学技术委员会主任。

◆ 1990年 61岁

3月，被选为第七届全国政协委员。

◆ 1992年 63岁

10月，被选为中国科学院院士。

◆ 1993年 64岁

2月，与美国驻华大使芮效俭分别代表本国政府签署《关于卫星技术安全的协议备忘录》。

3月，被选为第八届全国政协委员。

◆ 1994年 65岁

12月，在北京率团与美国宇航代表团，就中美续签卫星发射合同举行会谈。被任命为“北斗导航试验卫星”工程总设计师。

◆ 1996年 67岁

8月，被选为国际欧亚科学院院士。

◆ 1998年 69岁

3月，被选入第九届全国政协委员。

◆ 1999年 70岁

7月，被聘为中国航天科技集团公司高级技术顾问。

9月18日，在人民大会堂被授予“两弹一星”功勋奖章。

◆ 2000年 71岁

2月，被聘为国家航天局特别顾问。

10月，被中国航天科技集团公司授予1998年、1999年度航天奖。

◆ 2001年 72岁

1月，被聘为总参谋部军事科学技术研究委员会顾问。

◆ 2002年 73岁

3月，被聘为总装备部科技委顾问。

5月，被聘为总装备部卫星技术专业组特邀顾问。

◆ 2003年 74岁

1月，在北京参加国防科工委召开的2003年民用航天工作会暨探月工程筹备会，被任命为探月工程筹备阶段的总设计师。

6月，被聘为哈尔滨工业大学科学技术研究院荣誉院长，学术委员会主任。

7月，被国务院任命为国家中长期科学和技术发展规划总体战略顾问组成员。

同月，被国家广播电影电视总局聘为高级顾问。

◆　2004年　75岁

6月，被聘为复旦大学名誉教授，并做中国航天发展情况的专题报告。

◆　2007年　78岁

1月29日，在北京陪同温家宝总理、曾培炎副总理视察绕月探测工程进展情况。温家宝总理提出四点要求：一要高度重视，全力以赴；二要安全可靠，质量第一；三要团结奋战，大力协同；四要尊重科学，敢于探索。

11月26日，在北京参加中国首次月球探测工程第一幅月面图像发布仪式。温家宝总理为第一幅月面图像揭幕并发表重要讲话。发布仪式前，温家宝等领导接见有关人员，温家宝总理对孙家栋说："家栋啊，你是身经百战呀！"

12月12日，在北京参加庆祝我国首次月球探测工程圆满成功大会。吴邦国主持，胡锦涛发表重要讲话："我国首次月球探测工程的成功，是继人造地球卫星、载人航天飞行取得成功之后我国航天事业发展的又一座里程碑，实现了中华民族的千年奔月梦想。"会前受到胡总书记的接见，胡锦涛说："谢谢你！谢谢你做出的贡献。"

◆　2008年　79岁

1月29日，在航天科技集团公司接受人事部尹蔚民部长、王晓初副部长的慰问。尹蔚民部长说："感谢你为国家做出的贡献，并向你致以崇高的敬意。"孙家栋表示："感谢人事部的领导长期以来对航天事业的支持，深感人事部是我们科技工作者的家，我们会努力工作不辜负全国人民给予的厚望。”

15日，在北京参加温家宝总理主持的国务院第209次常务会议。会议听取了国防科工委张庆伟主任关于探月工程（二期工程）实施方案的报告，会议原则同意探月工程（二期工程）立项。

21日，在北京人民大会堂与胡锦涛等中央领导一起参加元宵文艺晚会。

23日，在北京参加2007年中国十大系列英才颁奖典礼。在颁奖典礼上获创新英才奖。乌云其木格副委员长为其颁发了创新英才奖杯和证书。

7月5日，在北京参加科学中国人2007年度人物颁奖典礼。在典礼上获得“最受公众关注奖”。

11月3日，在海口文昌参加中国文昌航天发射中心项目与当地经济社会发展高峰论坛。会上强调：文昌航天发射中心项目，将会为当地经济的发展带来丰厚的回报。一是提高了文昌地区的知名度；二是提升了教育的发展，科普教育要从儿童抓起，培养他们的兴趣是关键；三是航天的发展将推动民族的凝聚力和全球华人的凝聚力；四是航天项目将会成为当地经济社会发展的强大引擎。

◆ 2009年 80岁

3月1日，在北京参加“嫦娥一号”卫星实施落月计划。16时13分，卫星成功落在月球表面的丰富海区域。至此，我国月球探测一期工程圆满结束。

4月8日，吴卓副总经理等代表航天科技集团公司来到孙家栋家里，向孙家栋祝贺80寿辰，并带来中央政治局委员、中央书记处书记、中组部部长李源潮写给孙家栋的贺卡。李源潮贺卡上写道：尊敬的孙部长，在您80岁华诞之际，谨祝您生日快乐，健康长寿!

8月5日，在北戴河参加中央政治局委员、中央书记处书记、中组部部长李源潮主持召开的座谈会，听取专家对人才工作和人才队伍建设的意见。他指出，要进一步解放思想、推进改革、创新机制、营造环境，充分发挥人才作为科学发展第一资源的作用，努力形成人才辈出、人尽其才的生动局面。

9月30日，受国务院温家宝总理的邀请，出席在北京人民大会堂举行的中华人民共和国成立60周年国庆招待会。胡锦涛、江泽民等中央领导出席大会。

10月1日，受中共中央的邀请，作为“两弹一星”功勋奖章获得者在北京与胡锦涛、江泽民等党和国家领导人一起登上天安门城楼参加中华人民共和国成立60周年国庆阅兵观礼活动。在天安门城楼上接受新华社记者采访时，孙家栋动情地说：“预祝伟大祖国更加繁荣昌盛，取得更大成就，尽快实现全面建设小康社会的目标。”

当晚，与胡锦涛、江泽民等党和国家领导人一起在天安门城楼上参加中华人民共和国成立60周年联欢晚会并观看礼花绽放。

11月1日，与夫人魏素萍前往钱学森家中吊唁钱学森同志逝世。在钱老遗像前献上一束黄菊花并三鞠躬，以表达对钱老的怀念之情。

◆　2010年　81岁

1月9日，在北京人民大会堂参加纪念张爱萍将军诞辰100周年座谈会。温家宝、刘延东、郭伯雄、梁光烈等领导参加座谈会。

11日，在北京人民大会堂参加全国科学技术奖励大会。荣获“国家最高科学技术奖”“国家科学技术进步奖特等奖”。胡锦涛总书记为孙家栋和谷超豪院士颁发“国家最高科学技术奖”证书。李克强副总理主持会议，温家宝总理发表重要讲话。孙家栋代表全体获奖单位和人员在大会上发言。会前，胡锦涛总书记接见获奖代表，对孙家栋说：“祝贺、祝贺！航天工作做得很好。”孙家栋说：“感谢胡总书记对航天事业的关心，我们会进一步努力。”

21日，在北京人民大会堂参加中科院2010年院士新春团拜会，作为老专家代表在会上发言。路甬祥等科学院领导及来自京津冀的院士参加团拜会。

2月28日，在北京人民大会堂与胡锦涛主席等中央政治局常委及首都知识界、文艺界代表参加元宵节联欢晚会。

4月20日，在北京参加“情系玉树、大爱无疆”抗震救灾大型募捐特别活动。孙家栋与科学院、工程院的院士代表们分别向青海玉树灾区捐款5000元，以表达对灾区同胞的关爱之情。

8月16日，在中南海参加中央专委会议，向中央专委汇报探月工程有关事项。

31日，中国航天科技集团公司党组［航科党组（2010）31号］向各院、公司、直属党委发文《关于开展向孙家栋院士学习活动的决定》。《决定》号召广大航天职工向孙家栋院士学习，扎实推进创先争优活动，营造崇尚先进、学习先进、争当先进的氛围，争创工作一流，为全面构建航天科技工业新体系，建设国际一流大型航天企业集团做出新贡献。

9月21日，在北京接受中央电视台、新华社、《人民日报》及新闻广播媒体联合采访，就我国探月工程和嫦娥二号任务回答记者的提问。

12月11日，在澳门体育馆参加澳门科技大学2010年度毕业典礼暨授予荣誉博士仪式，澳门特首崔世安为孙家栋授予澳门科技大学荣誉博士学位并颁发博士证书。

20日，在北京人民大会堂参加探月工程“嫦娥二号”任务圆满成功庆祝大会，获得探月工程“嫦娥二号”任务突出贡献者称号。胡锦涛在会上发表重要讲话。会前，胡锦涛等中央领导亲切会见孙家栋及有关人员。

◆　2011年　82岁

1月13日，全国政协副主席、科技部部长万钢来到航天科技集团公司看望孙家栋。孙家栋表示：感谢科技部的关怀，航天的发展始终得到科技界的大力支持。万钢说：我们凡事争取成功，但也要宽容失败，希望中国航天在自主创新的路子上继续奋进，为中国人提气，并多出几个“孙家栋”式的人物。

18日，在北京参加“2010 CCTV中国经济人物”颁奖典礼，荣获“2010 CCTV中国经济人物”终身成就奖。中国科协常务副主席、书记处第一书记邓楠为其颁奖。

26日，中共中央政治局常委、中央书记处书记、国家副主席、中央军委副主席习近平来到孙家栋家中拜年。李源潮、李志勇、王勇、马兴瑞陪同看望。

2月1日，在北京参加党中央、国务院举行的2011年春节团拜会。胡锦涛等党和国家领导人出席团拜会。

4月20日，在南宁参加广西壮族自治区主席召开的院士顾问聘请仪式，自治区马飚主席为其颁发聘书。郭声琨书记等自治区领导参加聘请仪式。

6月28日，在北京参加中央外宣办召开的“基层优秀共产党员和党务工作者中外记者见面会”。回答记者提问时讲道：几十年来，中国航天事业出了成果、出了人才、出了精神，每一位共产党员都无私奉献，不断推动航天事业向前发展。

同日，荣获国资委中央企业优秀共产党员称号。

7月1日，在北京人民大会堂参加“庆祝中国共产党成立90周年大会”。吴邦国主持大会，习近平宣读《中共中央关于表彰先进基层组织和优秀共产党员、优秀党务工作者的决定》。孙家栋荣获全国优秀共产党员称号。胡锦涛、温家宝为获奖代表颁奖。

2日，在北京中南海怀仁堂参加“纪念中国共产党成立90周年座谈会”。李源潮主持会议，习近平做重要讲话。会前，胡锦涛、习近平等中央领导会见与会代表并合影留念。

12月8日，在北京人民大会堂参加纪念钱学森同志诞辰100周年座谈会。中共中央政治局委员、国务委员刘延东主持座谈会。

◆　2012年　83岁

1月17日，中央政治局委员、国务委员刘延东代表党中央、国务院来到孙家栋家中看望。

6月4日，在北京参加国家最高科学技术奖获奖者小行星命名仪式，全国政协副主席、科技部长万钢为其颁发小行星命名证书。孙家栋代表获奖者发言。

10月25日，在西昌卫星发射中心参加并指导“北斗二号”第16颗导航卫星发射任务。发射获圆满成功，我国北斗卫星导航区域系统卫星发射圆满完成。

30日，“北斗二号”第16颗导航卫星经西安卫星测控中心的四次远地点变轨和两个批次定点捕获，于11时41分成功定点于东经80.3度赤道上空。卫星成功定点标志着北斗导航卫星系统区域性卫星组网建设圆满完成。

后　记

应中国青年出版社之约完成了《孙家栋传》一书的写作。当书稿完成这一刻，我却仍然没有如释重负的轻松感，因为孙家栋应该写入的内容太多，而我却由于写作水平限制或写作时间时断时续的原因无法实现，总觉得还没有把孙家栋的人生精彩写出来，尤其是没有把他的性格写完整，没有把他在中国航天发展过程中所起的作用，所做的贡献以及他所参与的事件生动地写出来，这也许是留给读者的缺憾，在此敬请读者予以理解。

读者在书中可以看出，孙家栋70岁后不仅航天科技领域扩大，事务增多，而且国家发展战略方面任务越来越繁重，进入80岁后，他的主要工作内容更加侧重国家战略研究，此类会议上更频繁地出现了他的身影；厚积薄发，对于他的各种奖励、称号、赞扬更多地出现在屏幕、报刊上；对于总设计师主管的北斗卫星导航工程却更加事无巨细，每一次北斗导航卫星发射他都会准时坐镇在卫星发射现场的指挥控制室，那个年纪、那么繁忙、身体状况，他竟然没有缺过一次席。随着他在亿万民众中日益提高的声誉和影响力，他却依然保持低调，淡泊名利，不居功自傲，不做那些凑热闹、出风头的事情。他的航天界同事评价孙家栋为人做事有自己的主见，不投机、不浮夸、不吹嘘自己、不随波起哄，是一位德高望重的航天工程技术专家，他为中国航天事业拼搏奋斗，无私奉献，仿佛是一颗穿云而过的卫星，默默地环绕地球造福于人类……

通过写孙家栋，我又一次回顾了自己也曾无数次经历过卫星发射的惊心动魄的瞬间，以及参与中国航天对外开拓的许多航天活动，情不自禁地勾起对往事的许多美好回忆。

如果读者朋友能喜欢这本书，能开阔航天知识视野，能喜欢这位慈眉善目的孙家栋，能够从他身上获取人生的启迪，踏上心想事成的事业旅途，将是我最大的希望和心愿。

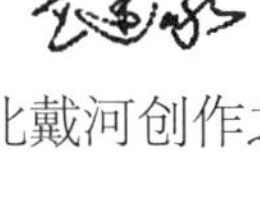

2014年8月6日校改于中国作家协会北戴河创作之家